想法一改變 壓力就不見

Change Of Mind

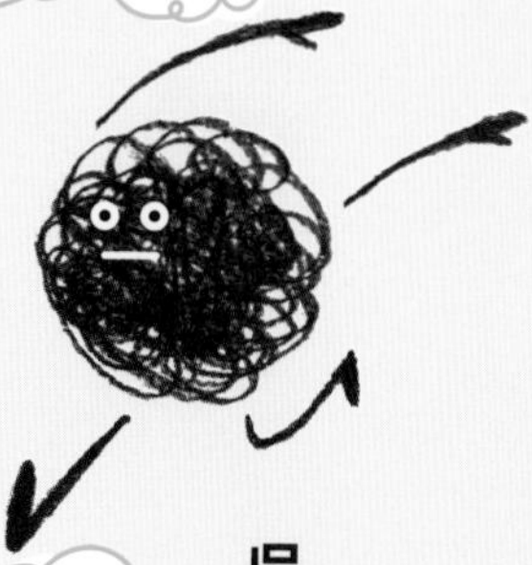

吳娟瑜——著

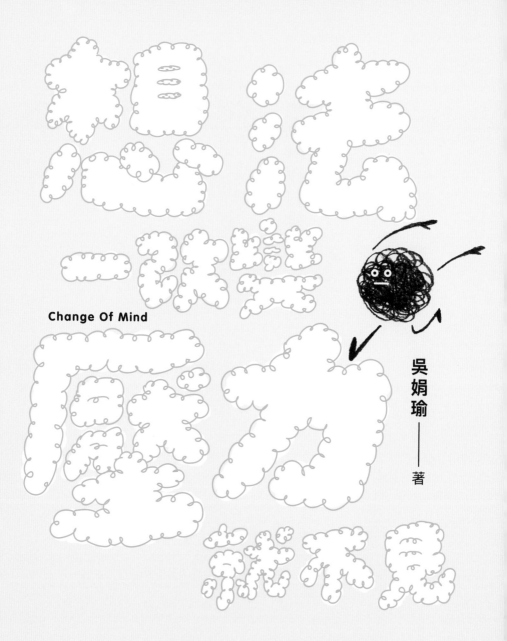

目錄

第二章 想法改變，壓力就消失了

第三章 無往不利的識人術與溝通技巧

第四章 學習放鬆的技巧

第五章 重獲幸福情緒

序　找出正確壓力源

通常在面對尋求諮詢的各行各業上班族，望著你們渴盼的眼神，看到你們臉上失蹤很久的笑意，我常忍不住直接切入重點來請教。

沒錯，很多上班族明明可以把日子過得更好，明明可以把工作做得更棒，可是因為弄不懂自己的壓力源，以至像走在迷宮裡的白老鼠，被設下迷迷糊糊的生命圈套，繞來繞去就是走不出那種失落的感覺，跳不出那種令人窒息的情境。

《想法一改變，壓力就不見》這本書就是一本陪伴你找出正確壓力源的心靈成長書，是人際關係出狀況了？那是對方的問題？還是我的問題？應如何修補關係？又，該怎麼做會更好呢？

另外，是身體出狀況的壓力源嗎？那麼，是從飲食、從睡眠，還是從運動來儘快修正生活習慣？

抑或是時間管理、事務管理上沒有抓對優先順序、輕重緩急呢？啊！對了，可能是你在財務上需要正確的理財規劃，不要小看一個月固定的儲蓄額度或投資額度，那就是會讓你看到進展，看到希望，也看到心頭上的「擔心」，一點一滴地放鬆了。

我曾經也是壓力重重的人，不管是家庭，或工作上；也不管是自我要求，還是社會期待上，我就是莫名其妙地捲入不開心的壓力滾筒之中。

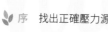

壓力令我喘不過氣

當時，我是辦公室的小主管，帶領著四位同事，大家同心協力來編輯報紙的三塊版面，我自認是體恤部屬的好主管，但是當時因為老公創業不久，家裡收入不足，兩個兒子正在就學階段，於是我在午休時段外出兼差，到華視編刊物，做節目企劃，如此奔波之餘……

有一天，回到報社，發現部屬即將被一位副總編輯挖角了，怎麼會這樣？怎麼可以這樣？

憤怒不已的我，對每一位部屬詢問再詢問，對自己是反省再反省，可以說，那是一段寢食難安的日子，壓力大到不能睡、不能吃、無法笑。

幸好副總編輯知道我正在進行員工保衛戰，她不敢再有任何動靜，我也花了一個月調整心情，放過了她、放過了自己，對工作職務更加盡心，對部屬更加用心相處。

又有一段時日，我年約四十二歲，和老公Show的關係降到冰點，兩人分居六個月，吵得不可開交，我在家庭、工作之間忙得焦頭爛額，他卻不停地找碴，怪罪家裡沒有溫暖，廚房沒有熱湯熱飯，老婆到家沒有笑容。

更嘔的是，他做任何投資決定，非但沒尊重老婆的看法，還事後怪罪我扯他後腿；有些外面的紅粉知己也令我火冒三丈……

忙著工作時，感謝自己有事做，可以忘掉心頭的空虛。放假時，找不到老公的人影，又令我忐忑不安，於是「離婚」兩個字悄悄地爬上心頭。

一個女性正在事業上力爭上游，正在用心栽培兩個兒子，卻也正在婚姻關係上掙扎不已，你說，這時候的我是不是壓力重重？

沒錯，壓力再大還是要面對；前途未卜仍要前行，我深切自我反省：平日在舞台上、在課室裡、在日常生活裡，我是不是言行一致地進行紓壓策略？

找到策略，克服壓力

漸漸地，當我把演講領域從台灣推展到華人世界，受邀到美國、澳洲、紐西蘭、日本、新加坡、馬來西亞、中國大陸五十多個城市演講，前後場次已超過六千場。

我明顯看到自己這些年的努力——把「想到」、「說到」眞正落實到「做到」，這其中有心態調整、有紓解壓力的技巧，還有跟上時代脈動的自我提升。

當方向對了，方法正確，壓力是可以一一破解的，尤其二〇二〇年發生COVID-19肺炎全球肆虐、人人自危的時刻，我慶幸自己早已學習化解九大壓力源的技巧，儘管演講驟減，收入變少，行動受限，至少還能苦中作樂，自我調適。

其中，曾經是我「九大壓力源」中最頭痛的壓力人物 Show，在這段外出需戴口罩的日子裡，他也有了出乎意料之外的改變，把「感謝」常掛嘴邊，把「行動」放在倒垃圾、刷地板、買水果，把「陪伴」放在邀請兩個孫兒吃飯談心等。

這些「感謝」、「行動」、「陪伴」策略，其實是我在家中以不著痕跡方式暗中進行了多年，如今，倒吃甘蔗，終於吃到甜頭了，老公不再是壓力人物。

其他八項壓力調適策略，你可在「化解九大壓力源」一文找到我力克壓力、步步調整的具體做法。

我知道各位工作忙碌、家庭需要照顧，又對生涯發展渴望突破，像這樣站在十字路口的時刻，你們可以透過書中壓力自我考核二十題、壓力人物五大特徵、辦公室破窗效應自我檢測、情緒辨識高手的六大指標、睡眠品質自我評估表、壓力放鬆八大步驟等進行改善。

若說我們對自己的人生不滿意，對周遭的一切有無力感，那麼就動手做這些測試題吧！改變的契機就在答案裡，破繭而出的喜樂就在豁然開朗的剎那之間。

在此非常感謝時報出版公司趙政岷董事長、林菁菁主編，和企劃主任葉蘭芳小姐的賞識和用心編校，讓這本書捧在你的手中，絕對是暖心相伴的好朋友，可以是立馬找到答案的成長工具書。

祝福大家！

吳娟瑜

二〇二〇年十月二十日

第1章

找對壓力源，對症下藥

你清楚自己的壓力源嗎？

你常聽到周邊有人嚷著：「壓力好大啊！」你也覺得自己一樣是壓力好大啊！有時候你躲進線上遊戲裡，有時候你跑到夜店去瘋狂一番，有時候你則是躲到被窩裡，心想一覺醒來應該就沒事，不料……

從線上遊戲回到現實世界，從夜店轟趴回到信用卡帳單，從一夜難眠到睜開眼睛，發現一股空虛感排山倒海而來。

你不清楚自己究竟怎麼啦？照道理說，你有一份工作，你也有正常的收入，你的日子過得算是ＯＫ，可是，你就是一直在莫名的壓力中浮浮沉沉。

「你清楚自己的壓力源嗎？」

＊
＊
＊

♥測驗開始：

壓力源有很多種，如果能找對壓力源，會比較好「對症下藥」來調適。

以下列出二十個問題，請用「是」或「否」的方式簡答，並以最近三個月內的狀況來自我考核。

是□否□ (1) 你常莫名其妙地感到心煩？

是□否□ (2) 你和周遭的人（包括家人、同事、客户等）有過爭執衝突？

是□否□ (3) 你很少主動找人談心事？

是□否□ (4) 你最近想辭職不工作，或想離家一陣子？

是□否□ (5) 你的體重最近明顯地上升或下降三至五公斤？

是□否□ (6) 你的身體有些病痛，沒有儘快就醫？

是□否□ (7) 你的飲食習慣是肉食比蔬菜水果多？

是□否□ (8) 你最近缺乏食慾？

是□否□ (9) 你通常在凌晨十二點後才上床睡覺？

是□否□ ⑽你躺在床上時，往往輾轉反側，不易入睡？

是□否□ ⑾你常感到時間不夠用而匆匆忙忙？

是□否□ ⑿你常感到疏忽做「緊急又重要」的事？

是□否□ ⒀你不喜歡做瑣碎又重複性的工作？

是□否□ ⒁你對突發性的工作沒耐心？

是□否□ ⒂你懊惱自己賺錢的速度不夠快？

是□否□ ⒃你擔心自己的儲蓄不夠或投資失誤？

是□否□ ⒄你早有進修專業能力的想法，但遲遲還沒行動？

是□否□ ⒅看到同事表現傑出，你覺得自己不夠好？

是□否□ ⒆你看到災難新聞，往往情緒受影響？

是□否□ ⒇氣候陰雨潮濕，這會讓你的心情低盪？

♥結果分析：壓力強弱

(1)無壓力快樂族

你的「是」占四題以下。

你幾乎沒什麼壓力，你絕對有能力自得其樂。

(2)低壓力輕鬆族

你的「是」占五至八題。

雖然多少有些壓力，但都是可以自行尋求協助解決。

建議：自我調適。

(3)中壓力危險族

你的「是」占九至十二題。

你的壓力起起伏伏，有時不錯，有時卻又沉重起來，你需要找到平衡點。

建議：找對人生導師。

⑷ 高壓力危險族

你的「是」占十三至十六題。

你每天繃得很緊，可是因爲責任，因爲性格因素，使你暫時放不下。

建議：一定要做部分割捨。

⑸ 超高壓力危險族

你的「是」占十七至二十題。

你有時不知道爲誰而活，爲何而活，壓力大到你的身心快崩潰了。

建議：儘快尋求專業輔導。

♥ 壓力源分析：

⑴ 人際關係（第一至四題）

⑵ 健康因素（第五、六題）

⑶ 飲食因素（第七、八題）

(4)睡眠因素（第九、十題）
(5)時間因素（第十一、十二題）
(6)事務因素（第十三、十四題）
(7)財務因素（第十五、十六題）
(8)能力因素（第十七、十八題）
(9)環境因素（第十九、二十題）

＊＊＊

以上，除了前四題和「人際關係」相關，其他兩題爲一組，依序和「健康」、「飲食」、「睡眠」、「時間管理」、「事務管理」、「財務管理」、「能力表現」、和「環境因素」有關，你可以注意自己的「壓力源」在哪裡？

如果壓力源和生理因素有關，那麼你需要注意多吃彩色蔬果、運動和休息；如果和心理因素相關，那麼你需要學習彈性價值觀，與人爲善，主動溝通。

如果壓力源和工作事項相關，那麼，你需要學會調整工作項目的輕重緩急和時間管理；如果壓力源和「環境因素」相關，那麼你需要多安排娛樂休閒，找三五好友相聚，想辦法轉移注意力。

總之，壓力源找對了，然後針對該項目去調整，並做到讓以上二十題都是「否」，你就會快速找回精力，重享工作的樂趣。

如何找到心煩的源頭？

心煩、心煩，光看到這兩個字，也夠心煩了。

有的人習慣的口頭禪是「好煩！」，走到那裡，做什麼事都是一句「好煩！」，有時候這種不自覺煩躁的人，常惹得身旁的人也跟著心浮氣躁起來。

「心煩」其實是有它的源頭，一定要儘速找到小小「火苗」之處，絕不能讓「星星之火可以燎原」而一發不可收拾。

有一回，一向心平氣和的我，在早上八點多醒來，心情竟然大受影響，就是一種不愉快的感覺，一種悶悶不樂的情緒。

躺在被窩裡的我問自己：

「昨天有吃到什麼食物讓自己不舒服嗎？」

答案：「沒有！」

「昨天睡前有和誰爭執嗎？」

答案：「沒有！」

「最近有什麼工作上的事讓我有壓力嗎？」

答案：「沒有！」

那，究竟是什麼原因讓我一早醒來就不開心？

這時，我靜下心，睜開眼睛，張開耳朵，注意四周環境的動靜……

果然，讓我找到答案了。

原來住屋附近一百公尺，有個建築工地正在進行作業，可能為了趕工，竟然在早上八點鐘，挖土機就開始隆隆作響。

那吵雜聲音在白天夾在車聲、人聲之間，可能是可以漠視，可以忽略過去的。可是當它成為清晨裡唯一的聲音時，各位可以想像那種干擾人心的負面感受有多大嗎？

我慶幸自己找到「心煩」的壓力源，儘速跳下床，立刻關上窗戶，又扭開音樂頻道，讓美好的音符快速遮掉那枯燥、煩人的聲響，好讓自己一早起床是在充滿愉悅、充滿活力的感覺之中。

十分鐘之後，心煩的感覺消失無蹤，我也不需要把這種莫名其妙的煩躁帶在身上一整天。

打開知覺更靈敏的管道

大多數的時候，我們的知覺管道是封閉的，是反應遲鈍的，若要快速跳脫莫名其妙心煩的感受，不妨練習敞開知覺管道，讓自己身心暢通，並找到儘速改善的方法。

類型	盲點	改善之道
視覺	視而不見	靜心下來觀看周邊人際關係或天地之間的微妙變化。
聽覺	聽而不察	樂意聆聽別人話語中的弦外之音。
嗅覺	聞而不明	嗅出各種氣味，也要嗅出周遭的氣氛，懂得分辨進退的藝術。

類型	盲點	改善之道
味覺	嚐而不知	要食而有味，要享受各種飲食所帶來的味蕾開發，吃……要慢慢來。
觸覺	摸而不感	在觸摸中找到豐富的身心感受與滿足感。
心覺	覺而不悟	要有感受，還要進入覺察，同時找到事件的核心啟示。

有位上班族在公司舉辦「壓力管理」的教育訓練課程中碰到了我。

「不知道爲什麼從一早起床就覺得很煩……」約莫二十七歲的他，年紀輕卻眉頭深鎖。

「你一定知道原因，想想看，起床前後發生了什麼事？」我把他的問題交還給他自己去面對。

「嗯……好像是我媽媽一早叫我起床的聲音就讓我心浮氣躁。」

原來都已經是成年人了，媽媽卻仍舊把他當作念書時期的孩子，一早就碎碎唸：

「還不趕快起床？你到底要睡到幾點？捧人家的飯碗，你也要替老闆著想……」

這些「非滋養生命」的話語，一句一句打到他清晨意識仍模糊的心坎裡，果然讓他一早起床就不好過。

另一位，最近心煩不已的ＯＬ，她也是在公司訓練課程會後來問我：「吳老師，怎麼辦，我最近很心煩。」

原來她的男友爸媽逼婚，她卻還沒有結婚的打算。

「請問妳怎麼回應他們？」

ＯＬ回答：「我就說——以後再說！」

「他們希望什麼時候安排婚禮？」

「明年。」

「明年妳可以接受嗎？」

「可以呀，可是爲什麼現在就要開始談？」

「哈——妳實在很可愛，長輩在協助年輕人婚事上喜歡參與，喜歡熱鬧，希望辦得風風光光，所以他們想要及早搞定一些事，既然妳也有明年結婚的共識，何不開始一起規劃？」

「原來如此！」

這位可愛的ＯＬ突然鬆了一口氣，原來心煩的事是來自心裡還沒準備好，她需要好好正視自己對婚姻的觀感，和未婚夫的協調夠不夠，還有婆家的相處要如何適應等。「不去想它，不去管它，也不是辦法。」ＯＬ領悟了自己的盲點。

十分鐘內找到心煩的源頭

※十分鐘策略

各位不妨在發現自己有心煩現象的時候，儘速在十分鐘內察覺它，改善它，才不至於影響了一整天的生活動力和工作進度。

※寫下來

透過三個W寫下來的方式來找解決方案。What→Why→How

例一：What（什麼事心煩？）

上班一天已經很累，回到家還要做家事。

例二：Why（為什麼心煩？）

因爲不想動、很想休息。

例三：How（怎麼辦？）

勇敢告訴家人，需要靜心十五分鐘，調整好就可以做家事了。

※找人談

旁觀者清，聽聽參考建議，可以打開局面。

(1)找對人談：

找到可以提供正面成長資訊的人來談，避免增加額外的壓力。

(2)誰是對的人？

①不批判的人

②懂得聆聽的人

③溫暖關懷的人

④相同領域的人

⑤有成長經驗的人

※走出去

離開現場，轉移注意力：

(1)聽演講

(2) 逛書店
(3) 看電影
(4) 去運動
(5) 到戶外
(6) 做志工
(7) 其他

從心煩到心平氣和

當一個人透過對知覺的開啟，從十分鐘策略的快速著手，馬上可以找到心煩的壓力源，並且著手改善。

我們這一生都配得過幸福快樂的日子，千萬不要長期待在「心煩」的領空內，讓自己消耗生命的能量，又衍生周邊更多的後續壓力；只要有撥雲見日的決心和方法，將很快找到壓力源，並採取行動解決，日子會好過得多了。

針對人	✓是人的因素引起心煩。 ✓對方是明理的人，儘速勇於表達，勇於溝通。 ✓對方是強勢威權、絕不聆聽的人，則自己要自求多福、另覓成長管道。
針對事	✓是同事之間有誤會的事，那麼「就事論事」，要樂意聆聽對方解釋，也釋出善意 ✓共同找到「兩全其美」的解決之道。
針對物	✓減少額外高消費的欲望。 ✓避免衝動購買的後遺症。 ✓知足常樂看待身外物。

有壓力卻有口難言

有時候壓力來自於「有口難言」的苦悶。

明明大家在同辦公室，每天上班都要碰面，可是有些話就是說不出口……說不出口是因爲不知道如何說才能表達完整，也怕一時說不清楚，讓對方誤會更深；更怕的是，萬一，自己才剛開口，對方竟然劈頭就大聲回罵……

當我們有了諸如此類的情境預想，往往使得自己壓力越來越大。

壓力過大，開始有失眠現象的ＯＬ明惠說：「我有位女同事，大家一起上班五年多了，我只要一進公司，看到她這個人，聽到她說話的聲音，頭部就不知不覺地痛起來。」

「爲什麼呢？」我好奇地追問。

「因爲她的嗓門很大，一開口就像咄咄逼人的主管，可是她的等級和我平行，爲什麼要這樣大聲說話？」

「妳有和她溝通嗎？你們共事多久了？」

「我不敢跟她明講，怕她又更大聲，五年來，我的頭越來越痛！」明惠一臉無辜和無奈。

「不對，這是妳的責任，妳有權利好好照顧自己，所以妳需要儘早去溝通。」對於明惠這樣退縮的做法，一定要臨門一腳，助她前進。

隔週上成長課，大家又碰面時，明惠竟然眉開眼笑地說：「吳老師，早知道就早開口了，事情沒有我想像中的可怕！」

原來，同事聽到明惠說：「請和我說話時，聲量盡量降低一些。」

同事立刻道歉地說：「不好意思！因爲我們家有六個小孩，從小兄弟姊妹講話聲量就是很大，深恐爸媽聽不到……」

說不出口的原因

「說不出口」的習性可能和原生家庭人際互動的經驗有關；如果父母彼此之間是寡言相待，或家中子女少，缺乏溝通交流的經驗，加上，到了學校教室，又總是默默地坐在角落邊……這，又要如何在進入職場後，成為侃侃而談、熱心溝通的上班族呢？

突破「說不出口」的障礙

Feel（感覺）→說出我的感覺

例：當你把公文夾丟到我桌上時，我感覺不舒服。

Need（需要）→說出我的需要。

例：我建議你今後可以先提醒我一下，我可以伸手來接。

這個溝通模式簡潔有力，各位可以勇敢多試幾遍，因爲這樣的說法，不容易出現攻擊性言詞，只是「就事論事」的交流，可以讓對方眞的聽懂我們的感覺，尊重我們的需要。

敞開表達的訓練

「我以爲自己走錯了辦公室。」

她是一位年輕的總經理（她也是老闆的身份），有一天她拿著手機到辦公室外接電話，講完之後，她預備往辦公室走回來，不料，一剎那之間，她誤以爲自己跑錯地方了。

原因是公司換了一批新進員工，這些新進員工正在摸索工作內容，還要適應公司文化，因此在戰戰兢兢之餘，每個人的表情都有點嚴肅。尤其當看到總經理形色匆匆，顯然也愣住了。

這次心頭一驚的經驗，在反省之餘，總經理決定爲這群新進員工辦一次溝通表達訓練，希望敞開他們的心扉，讓他們儘快融入新工作，同時帶動職場上認眞又愉悅的氣氛。

很榮幸的，我是受邀來這家全球性物流公司做培訓的講師，由於總經理有前瞻性，同時認定教育訓練對員工有益無害，因此一而再、再而三地請我到該公司講課。連同先前的培訓課程，這已是我第五次來了。從情緒管理、壓力管理、服務管理、創新管理到溝通管理，員工就這樣在平均一年一次的教育訓練中逐步成長。

員工需要整合為一

然而，員工在結婚生子或另謀高就等種種因素下難免有些流動性，這也是爲什麼總經理期待員工快速整合爲一的前提下，刻意安排在這個假日來上課。

像這樣有目標性的課程，不是一般性的講座，聽聽就好了。目標性的上課方式需要活動設計，希望讓新進員工快一步融入，同時也讓資深員工快一步接納。

所以，當新進員工在一一輪流「講出感覺、說出需要」的分享中，資深員工彷彿感受到當年自己曾經也有過的生澀和擔心。因而，彼此的「感受」有了銜接，「需要」有了理解，課室裡的笑聲和熟悉感也就越來越多了。

有趣的是，當我帶領團隊活動時，發現新進員工習慣站在一起，資深員工則另站一邊。「打破生命的制約！練習做新的組合。」我大聲一喊，於是，大家笑著儘速跑開而重新調整，哈！原來人眞的不知不覺會掉入「窠臼」裡哩！

勇於表達找出癥結

這家公司的同仁由於多年來認眞上課成長，所以覺察力相當敏銳，而且樂於坦然分享。

露西說：「有一次，我發現自己掛電話前，對客戶講話的口氣不友善，我內心一直不安，後來我重新撥了電話給對方，一方面誠心誠意地道歉，一方面也請客戶多多指導我。」

露西的分享立刻引來同事們熱烈的掌聲。

掌聲之後，露西又很開心地說：「最近這位客戶成了我的好朋友，我們公事上，就事論事，處理得很有效率；有些內心的感受，也能互相關心一下哩！」

接著總經理也請出兩位同事，預備把最近發生的客戶抱怨，一起從頭細說，而且是抽絲剝繭地找答案。我好佩服這位總經理的魄力和胸襟，她完全沒有私人情緒，她就是希望借這次 open talk 的機會，不但讓當事人一起面對問題的癥結，也讓其他同事有了前車之鑑，今後千萬不要再重蹈覆轍。

可以公開討論嗎？

注意！總經理非常尊重兩位女同事的感受，還事先詢問：「可以公開討論嗎？」

總經理開誠布公了，兩位女同事也欣然接受。

結果找到兩項錯誤的關鍵如下：

關鍵之一，A同事對國外客戶信函中要求「三天內到貨」這個細節，沒有確認是「工作日的三天內」，還是「含休假日的三天內」，結果因爲自認是「工作日的三天內」以致於延誤客戶的船期。

關鍵之二，B同事是A同事的主管，她忘了將事前原委向總經理報備，導致後來客戶向總公司提出「因延遲到貨」的賠償申請，總經理才被告知「事情嚴重了」。

課程中，我居中協調，一方面照顧三位分享者的心裡感受（不要有被批判的感覺），一方面注意現場其他同仁的回應（是否有參與感，並從中得到學習）終於，A同事、B同事表達了「知錯必改」的態度。

最後，在總經理伸出雙手一一去擁抱A同事、B同事時，課室裡的氣氛轉爲輕鬆而愉悅，我也開心地鬆了一口氣。

像這樣樂於成長、勇於分享的老闆，她提供了員工最好的壓力調適空間。

成為侃侃而談的溝通高手（自我訓練）

⑴愛說笑：練習將一些書報雜誌上的趣聞或網路笑話記下來，在和三五同事茶餘飯後閒聊之際，可以輕鬆地說出來，製造現場歡樂的氣氛。

⑵愛分享：多數的人是渴望溫暖，渴望與人爲善，所以，身爲同事的我們，如果能夠多少分享一些近日的心情，或聊些家庭趣事，有時候也可以拉近彼此的距離。

⑶愛請教：「請教」是有著神奇的威力，因爲一位被請教的人往往能感受到被看重、被肯定的成就感。所以在言談中，多用「請教對方」的問句，可以創造雙方快速的接納度，和協調事項的共識。

⑷愛回饋：當同事來表達了建議，當同事來說明可能的誤會……我們要練習立即

回饋：「很謝謝你的提醒，這讓我明白了……」、「幸好你提供這些資料，可以幫助我……」，類似這種「有回應」的語詞，讓同事得到鼓勵，下次樂意再來分享。

壓力原來「面對」就好了

每個人有不同的壓力源，當我們發現自己有壓力的時候，不見得清楚「壓力源」從何而來？是心理因素造成的壓力源？是生理因素造成的壓力源？還是，環境因素造成的壓力源？

※**壓力源（心理因素）**

(1)和家人關係緊張
(2)同事之間有誤會
(3)自認工作能力不足
(4)收入和付出不成正比

(5)其他

※壓力源（生理因素）

(1)睡眠不足

(2)營養失調

(3)體力不佳

(4)有些病痛

(5)其他

※壓力源（環境因素）

(1)住家狹窄、空氣不流通

(2)辦公室太遠、交通不便

(3)交通紊亂阻塞
(4)社會氣氛緊張
(5)天氣陰雨潮濕
(6)其他

不管是心理因素、生理因素，還是環境因素的壓力源，這其中還可以有許多細部的分類，值得我們找對眞正的壓力源來對症下藥。

要正確辨識壓力源

有些人不開口，光看臉龐就可以發現他的壓力有多大；奇妙的是，有的人在短時間內，彷彿陽光乍現，陰霾盡失，立刻看到一位開開心心、喜樂分享的人；也有的人彷彿困在壓力鍋裡，總是愁眉不展、哀聲嘆氣。

我的壓力呈現在我的臉上前後有三十多年之久，這麼說好了，也就是當我把自己不同階段所拍的照片拿出來比照時，我看到了歲月的痕跡，也看到壓力最眞實的呈現。

二十五歲的我，人生的壓力剛開始出現，面容是單純無知。

三十五歲的我，家庭、婚姻的壓力讓我失去自我，面容多了一抹憂愁。

四十五歲的我，渴望從層層壓力中破繭而出，終於到美國留學，面容多了一些笑意和堅定。

五十五歲的我，改善了壓力源，面容增加了自在和從容。

＊＊＊

逐漸撥雲見日的我，終於弄懂原來我身陷各種壓力中，例如：

⑴角色的壓力：我是女兒、太太、媽媽、姊姊、女性主管、女性部屬……究竟哪一個角色要放在前面？哪一個角色要放在後面？當壓力來臨的時候，我可以躲在「自己」這個角色裡喘口氣嗎？

⑵性格的壓力：由於我的個性保守又多慮，使得一件事在做判斷、做決定時，往往拖了好久仍在考量中，這無形中擴大了壓力的威力，反而讓自己不好受。

⑶成長的壓力：我多麼渴望勇往直前，做一個有用的人，可是什麼是我的未來藍圖？什麼是我最大值的展現？往往在一片迷茫困頓中，壓力就又出現了。

原來「面對」就好了

在面對壓力時，一般人有如下三種處理模式，每一種模式又造成不同的結果。

Flight（逃避）→形成「惡性壓力」→因為排斥或拒絕面對，問題越滾越大。

Fight（對抗）→**形成「良性壓力」**→問題不是問題，問題是「挑戰」，想辦法解決就好了。

Free（自由）→**形成「零壓力」**→問題完全不存在，在轉念之間放過別人，也放過自己，身心靈是全然的自由。

在我追索自己壓力源的過程中，早些年要立刻做到「零壓力」，老實說，這是有年齡上、歷練上的困難度。但是後來當我學習到逐漸從Flight（逃避）轉向到Fight（對抗）時，果然從擔心害怕，毫無未來的情境中，開始逐步往曙光閃亮、希望無窮的感覺中前進了。

⑴角色的壓力，我選擇「先做自己」，再做女兒、太太、媽媽……說也奇妙，立足點對了，平衡感就出現了。

(2)性格的壓力，我選擇學習「勇敢堅強」的性格表現，果然人生風景開始光鮮明亮。

(3)成長的壓力，我選擇「個人成長」也帶動「家人共同成長」、「帶動部屬成長」，結果是大家一起改變，一起進步，再也沒有互相牽絆、彼此拉扯的現象，這個過程雖然曾經時間拉得長，但一切是值得的。

當我們選擇對的態度來面對壓力，也就是勇敢的去對抗，壓

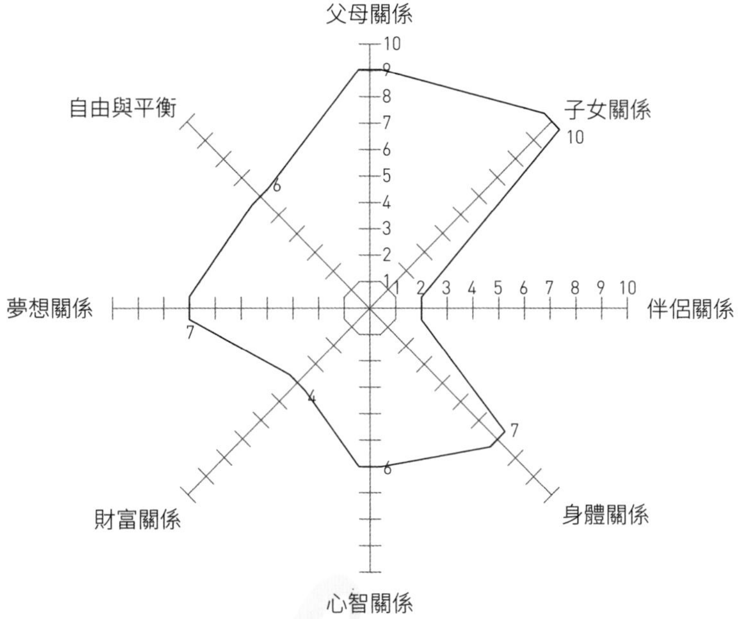

力會逐步縮小，同時能找到更具體的壓力源來正視它、改善它。如上頁這個輪胎形成約是在我三十五歲至四十五歲之間。我一直擔心財富不夠、夢想遙遠、人生會有遺憾，所有壓力的呈現，讓我在惡性循環中；後來逐漸讓我看懂的是，原來我的人生裡最大、最大、最大的壓力源是人際因素中的「伴侶關係」。

畫出人生的輪胎圖

各位可以在如下頁圖表嘗試畫上自己的點，再把每項的「點」連結起來，看看自己究竟連出一個什麼樣的圖形，同時問自己，如果這是一個要上高速公路的輪胎，它的形狀會讓自己順利成行？還是阻礙重重，甚至爆胎了？

連連看：

⑴父母關係（怨恨？寬恕？）

(2)子女關係（或兄弟姊妹）

（祝福？緊張？）

(3)伴侶關係（傷害？承諾？）

(4)身體關係（虐待？善待？）

(5)心智關係（脆弱？強壯？）

(6)財富關係（負債？資產？）

(7)夢想關係（自我導向？

利他導向？）

(8)自由與平衡

畫「點」的技巧：

0代表「極端不滿意」，10代表「極度滿意」。

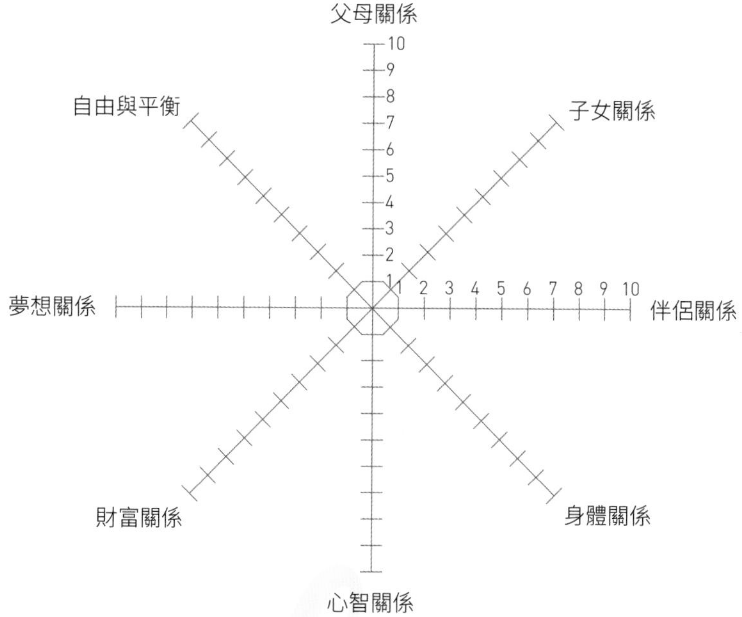

⑴父母關係：可以把和父親關係的數值，和母親關係的數值，加起來除以2，取平均值。例如和父親是5，和母親是9，那麼可以在7畫個點。

⑵子女關係：若未婚沒有子女關係，則可以和兄弟姊妹關係做考量。若又沒有兄弟姊妹，則可參考和堂兄弟姊妹或表兄弟姊妹相處的關係。若已婚卻沒有子女，則可以參考和親戚的孩子相處的關係來考量。

⑶伴侶關係：講的是夫妻之間，或男女朋友之間。若目前單身，則可考量過去曾經有過的相處經驗。

⑷身體關係：談的是身體的狀況如何？是否善待自己？

⑸心智關係：談的是內心意志力夠不夠堅強？不論碰到什麼困難挫折，是不是仍堅定如山，毫無畏懼？

⑹財富關係：談的是個人和財富的關係是豐富而自由？還是缺乏和恐懼？

⑺夢想關係：談的是有否朝著個人夢想去努力、去實現？是否以利他的角度去達成個人的夢想？

⑻自由與平衡：談的是自己是否做到整體的關係自由、身體自由、財務自由和心靈自由，並從中找到人生的平衡點和幸福感。

在我當年找到眞正的壓力源是「人際因素」的「伴侶關係」時，開始看遍各種心理成長的書，找遍兩性情感的電影來看，終於弄懂當初認識丈夫時被愛情沖昏了頭，沒有理解到「五世祖」的影響是威力無窮（「五世祖」涵蓋了原生家庭和原生家族），以致於在兩人一直各執己見、互不相讓的情況下，無法同心協力來創造家庭的幸福和事業的成功。

所以，我是在尋尋覓覓多年之後，才弄懂我必須回頭去改善和丈夫的關係，去理解他、支持他。說也奇妙，當我回心轉意的時候，我也看到這位曾經是家中「最親密的陌生人」也轉身面向我了。

改善了和丈夫的關係，改善了家中的氣氛，身體、心境、財富……大獲改善，逐漸地，其他的壓力源也慢慢褪去。

請問，你有找對自己的壓力源嗎？

請問，你有正確地辨識自己的壓力源嗎？

你願意重新審視自己的人生路嗎？

沒錯，面對它，你就掌握壓力源了。

背對它，壓力源就來掌控我們了。

別怕，就是朝向它、探究它、調整它、感謝它、珍惜它，所有的壓力源都將會是我們生命中的寶物。

第2章

想法改變，壓力就消失了

碰到壓力人物怎麼辦？

什麼是壓力人物？

壓力人物通常讓人不好過，各位可以先直覺想到生活周遭的一位壓力人物，再看看對方是否讓你有如下五項反應：

壓力人物給你的反應	是	否
(1)對他感到愧疚（因為達不到對方的期望）		
(2)對他感到責任未了		
(3)對他感到有話也說不清楚		
(4)對他敢怒不敢言		
(5)對他的言行舉止反感		

以上的打勾越多，代表對方給你的壓力越大。

好友成了壓力人物

OL慧馨最近被好朋友的事弄得壓力重重。她說：「我有一位非常要好的女同事，我們默契好，工作效率一樣快，吃飯、聊天、下班也常同進同出。」可是，前幾天她mail一封短信給我，上面寫著：「我心情不好，不要理我，OK？」

好友這封mail讓慧馨看了嚇一跳，她知道好友有論及婚嫁的男朋友，兩人難免口角，但還不至於心情惡劣到連慧馨這個好友都不能傾訴，所以看到「不要理我」這四個字，慧馨的情緒也受到影響，她問自己：「我是真的不要理她，還是繼續找她哈拉？」

按照慧馨的評估，如上的勾選，她有⑴、⑵、⑷。也就是說好友已經成了她的壓力人物。

我則建議慧馨從另一個角度看待事情，我認爲慧馨交到一位好朋友，她懂得適時發出訊息，這其中的訊息有三種：

⑴**友善的訊息**：好友的意思是「我因爲有個人問題正在困擾中，所以見到妳的時候，恐怕無法兼顧妳的需求，更不可能陪伴妳而強顏歡笑，所以爲了怕妳誤會，提前用 mail 告知一聲。」

⑵**等候的訊息**：好友的意思是「我正在自我調適中，什麼都不想說，什麼都不想解釋，希望身爲好友的妳——尊重我的情況，暫時不要打擾我，讓我冷靜一下。」

⑶**求助的訊息**：好友的意思是「我把妳當成好友，所以才會把心中感受告訴妳，妳只要從旁了解我、陪伴我，我們一樣可以一起去吃飯，工作的事項一樣要溝通，但是有關個人私事就暫時不要問太多，等到我覺得OK了，自然會告訴妳。」

辦公室文化很有趣，難免碰到本來嘻嘻哈哈的同事，怎麼突然臉色難看、不理不睬。不明就裡的同事，可能壓力重重避之唯恐不及，但是像慧馨這位好同事，因爲早已mail告知，慧馨會提早更體諒、更有情誼地陪她走過低潮。

所以我給慧馨兩個建議：

(1)不要問東問西，否則看來是關心，可是一直「追問」，只有讓好同事後悔「爲什麼要告訴妳」，因而增加了彼此的壓力。

(2)不要跟著情緒down下去，否則以後她不會跟妳講眞話，深恐影響了妳。好朋友的定義就是「當我有難時，不會跟著一起沈淪或背叛離去，反而是能助我堅強一臂之力的人。」

被掛掉電話？

另一位碰到壓力人物的如眞，事情後續的發展更令她無法承擔。

如貞被好友薏郁掛掉電話的那一刻，她簡直要氣炸了，心想——我工作這麼忙，好不容易可以抽空回妳一個電話，怎麼變成妳掛掉我的電話？

如貞不信邪，再試著回叩一次。

這回，手機沒人接，還立刻變成語音答錄。她傳個 line，也「已讀」不回。

如貞罵了句：「不知好歹！」也就不去理會薏郁。

隔天，正在公司展示會場忙得團團轉的如貞突然接到了薏郁媽媽的來電，電話那頭傳來急促、焦慮、崩潰式的呼喚：「小貞，妳趕快來，小薏人在××醫院急診室……」

等到如貞向公司緊急告假，立刻直奔急診室，哪裡有看到薏郁和她媽媽的身影？只聽到有人說：「可能在往生室！」

如貞腦袋轟的一聲，整個身子就癱軟在牆邊的座椅上。

※壓力人物特質

(1)主觀意識強，常遽下論斷。
(2)說話急促高亢或不聲不響。
(3)做了決定，一定要人遵從。
(4)以哭或自責語氣讓人有罪惡感。
(5)常以讓對方難以接受的方式來關心而造成排斥。

有的壓力人物和我們只有短暫相處，例如：百貨公司愛理不理的店員、銀行動作慢的櫃台行員或急速蛇行的計程車司機，當短暫的相處之後，彼此轉身離去，壓力也就迅速降低。

但是若以家人關係、同學關係、同事關係……而言，有些轉身離去，非但壓力沒有降低，還可能造成更大的誤會，如眞就是碰到薏郁這號壓力人物，讓她招架不住。

如貞萬萬沒有想到那通薏郁的電話，竟然成了她們之間的「絕」響。

如果碰到壓力人物

後來的幾個月，如貞一直活在懊惱、自責、內咎的情緒中。

如貞不捨好友被男友劈腿了。

如貞生氣好友用最笨的方式解決問題。

直到在公司講座會場，如貞勇敢地舉起手來問：「我一直不能原諒小薏，哪有人說走就走……」

靠在我身邊的如貞，臉上的表情是既悲傷又氣惱。

「這不是妳的錯！你要原諒自己。」我才說到這裡，眼前這位看來幹練的OL，一霎時，淚水潰堤……

就在當天的教室裡，可能氣氛所致，也可能大家苦悶已久，在如貞的牽動下，好幾位同事紛紛講出了擱在心中沉潛已久的祕密，原來每個人身旁多少有些壓力人物。

一位男同事談起有一天下班回到家，親眼看到媽媽掛在樑柱上，然後他緊急拿剪刀剪斷布條、叫救護車……

一位女同事談起自己的弟弟，因爲女朋友鬧分手而想不開，她爲了故作鎮定安慰爸媽，自己已面臨身心俱疲的狀態中……

以往，在辦公室裡，大家都是兢兢業業地埋頭苦幹，心中一心一意渴望出人頭地，期許走出一片自己的天空。如今經濟市場變化多端，辦公室的氣息顯然有些不一樣。各位可能多少耳聞一些同事家中不幸的變故，或是同事本身遭遇精神打擊的情形。

「說出來反而對自己、對同事都有幫助。」我堅定地告訴他們。

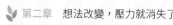

企業內部新課題

在過去封閉式辦公室文化的時代，大家各自爲政，也各行其是，這造成了企業跨部門溝通的障礙，多年之後，有可能成為企業停滯不前的盲點。如今，許多有遠見的企業組織，透過教育訓練、透過內部宣導、透過產業刊物的流通，凝聚了內部同仁更大的共識，同時讓員工有了情緒宣洩的管道，也學習紓解壓力的技巧。

像這次在企業公司的課室裡，大家不約而同道出內心深處的感受，同時也反映現實社會新一波的現象——許多年輕上班族在經歷金融海嘯、新冠肺炎肆虐的衝擊之餘，也正提早接受人生悲歡離合的挑戰。也明瞭身旁難免有些壓力人物，我們要學習不要被壓力人物拖下水，自己要有釐清和對待的能力，及早自求多福；同時，自己也不要成為別人的壓力人物。

「說出來就是第一步的自我療癒。」我肯定了所有勇於突破內心桎梏，而由衷傾吐的這些上班族學員。

相信如真往後透過同事的理解和關心，也透過正面的壓力調適（例如：閱讀相關書籍、請教輔導機構、多做助人工作、參加學習寬恕成長團體等），相信會一步一步走出自責內咎的情緒，然後儘速全心投入工作的行列。

改變想法，解決壓力源

如果有機會來研究辦公室同仁的臉譜，我們將可發現有趣的現象，有的同事整天嘻嘻哈哈，走到那裡都與人爲善，工作的時候似乎也輕而易舉的完成；有的同事則迥然不同，整天愁眉不展，走到哪裡都悶到哪裡，工作的時候彷彿老牛拖車，永遠做不完。

快樂過一天，是一天；痛苦過一天，也是一天，爲什麼有的上班族讓自己痛苦的過一天呢？

「我也想開開心心的上班，可是不知道爲什麼從一早起床就是悶悶不樂，看到有的同事在辦公室衝勁十足，笑容滿面，我也很羡慕。」于晞壓力重重地描述她的迷惑。

于晞在一家外商銀行上班，從大學畢業後，順利進入職場，也開始了朝九晚五的上班族生活。

工作三年後，如今，她似乎走進了死胡同，感覺不到上班的樂趣，也不知道未來的生涯將有什麼進展？這是不少上班族共同的經歷，在工作一陣子之後，對現況有一種「食之無味，棄之可惜」的感覺，像這種時候是非常需要讓自己做一項確認。

「他要」的工作：當初選擇工作時，是因爲家人或朋友的慫恿，而非自己愼重的考慮。

「我要」的工作：透過自主的思考來愼選志趣相投的工作。

于晞終於弄懂——她的壓力來自「不滿意現狀」，同時還有一種「想改變卻又害怕做錯決定」的感覺。

「當初是誰影響妳進入這家銀行上班？」我陪伴于晞抽絲剝繭。

于晞想了一下，她說：「我的大學好友如萍，她先考上這家銀行，看我還在找工作，於是告訴我這家銀行的福利不錯，勸我來考看看，後來我爸媽也勸我，他們說這家外商銀行風評不錯，女孩子做內勤行政工作蠻合適，不用風吹雨打，多好啊！」

結果呢？

結果，于晞聽從好友和爸媽的建議眞的在三個月後如願進到外商銀行，也和如萍成爲會計部門同事。不過，在適應一段日子後，于晞總覺得不是挺開心，可是又不敢跟如萍和爸媽提起。

「我想嘗試業務的工作，我的個性比較活潑，應該可以，不過，我擔心爸媽有意見，如萍不高興……」

「等一下，妳是想過『他要』的人生，然後後悔一輩子？還是過『我要』的人生，勇往直前？」我立刻制止于晞的思考模式又往回走。

好想法 → **好行動** → **好結果**

自主決定 要有具體方案 成爲挑戰性高的 Top Sales

于晞可以找到如下的人生方向：

(1)好想法

①過一個不後悔的人生才是正確的。

②不要再用「爸媽和如萍」爲藉口，阻擋了未來的路。

③趁年輕趕快調整，一切都還來得及。

(2)好行動

①主動向主管請教轉換部門的可行性？

②上人力銀行網站尋找有興趣的業務行業。

③多翻閱商業刊物，參加業務相關的講座會。

(3)好結果

①把「內在潛能」和「外在環境」做了最好的整合。

②向傑出的業務工作者學習。

③發現原來「勇敢做自己」是這麼開心的事。

類似于晞這樣的年輕上班族很多，想改變卻又怕改變，因爲不改變就一直活在自我怨懟的壓力中；若要改變，又怕做錯決定。惟有在「想法」做一番清楚的確認，不要再一直認爲是他人造成的結果，才能找回「我要」的行動方案。

與君同樂，再自得其樂↓情感依賴↓悶悶不樂
自得其樂，再與君同樂↓情感獨立↓開心快樂

在「壓力管理」的課程進行中，一位擔任公司總經理特助的女士舉起手來，她說：「目前我在工作和家庭之間找不到平衡點。」

細問之下，原來她的職場發展一路順遂，可是老公從婚後愛搞投資，慘賠三次之後，如今龜縮在家裡，只能煮飯、打掃、帶小孩上下學和督促孩子的課業。

無獨有偶，當我問到：「課室裡有類似壓力的請舉手，我們來一起改變想法，解決壓力源！」

果然，又出現一位悶悶不樂的ＯＬ。

後頭走出來的這位女士，個子比較嬌小，她的表達更直接，她說：「我和前面這位姊姊很像，也是結婚十六年了，老公的表現不如我，他成天只會怪我不夠溫柔體貼，怪我不常在家……」

原來她的老公是公務人員，領的是死薪水，而她，本身是一位業務主管，手上帶領二十多位業務人員，每天呼風喚雨，非常厲害。

「可是再厲害，管不動家裡的這個男人，壓力眞是很大！」

已經到了中高階主管的這兩位女士，在我追問之下，都沒有和老公離婚的打算，也承認她們的老公都「不是壞人，只是不夠傑出。」（第二位女士的說詞）

這麼一說，讓現場學員都笑出聲音來了，因爲她說得很傳神、很眞實，大家心領神會。

「既然這樣，那只有自我調整了，如果妳們認定丈夫要飛黃騰達、日進斗金才算是眞男人，這叫做刻板印象，認爲與君同樂，才能自得其樂。但是今天若願意改變想法，謝謝有個相互扶持的男人，有個樂於做家事，樂於守住家庭的男人，只是角色易位，又有何不可呢？當職場女性學會了自得其樂再與君同樂，態度積極、行爲獨立。不用傳統眼光要求男人，這時不是更有機會放手一搏，生活空間更大了嗎？」

兩位女性在如此激發之後，果然綻放了笑容，她們想通了，沒有家中丈夫的支持，哪有今天的好成就，一切都是要感恩惜福啊！

負面想法↓正面想法↓步驟一二三

上班族若想養成隨時解除負面想法，快速調爲正面思考，是需要自我演練的，如下一二三步驟很適合大家來學習。

步驟一↓學習：

在工作環境周遭找到有類似如下個性特質的人，多觀察他們爲人處事的反應和態度。

積極、樂觀、上進、開朗、樂於分享

愉悅、有趣、熱忱、眞誠、腳踏實地

努力、勇敢、勤奮、聆聽、有前瞻性

突破、自信、關心、規劃、不斷成長

步驟二→確認：

當壓力來臨時，寫下腦海此時此刻的念頭，並立刻做修正。

例⑴：「我總是做不好，難怪主管要說我。」→原來這是「負面思考」→建議改爲「正面思考」→「我想辦法做更好，主管是在幫助我。」

例⑵：「薪水不夠多，錢太薄了。」→原來這是「負面思考」→建議改爲「正面思考」→「感恩我有一份固定的薪水，我只要做好正確的財務管理，錢一定夠用。」

步驟三↓請教：

有時候，一個負面思考的念頭就轉不過去，那該怎麼辦呢？

這時，請教有經驗的同事，或是主管，或是輔導專家，才是上策。

小陳即將被主管派到總公司受訓三天，由於事出突然，整個行程壓得他喘不過氣，加上老婆剛生產完，需要多照顧，於是他出現了負面思考：「爲什麼什麼事都要壓到我身上？」

當他壓力重重之際，忍不住唉聲嘆氣起來，幸好正在坐月子的老婆聰慧，她發現老公愁眉不展，追問之下，小陳勇敢地請教老婆該怎麼辦？

這時，老婆的回答，讓小陳豁然開朗，老婆說：「你是萬中選一被派去受訓，這機會太難得了，我支持你去。我和小孩的生活，我會請媽媽來幫忙，你放心吧！」

刹那之間，彷彿卸下了千斤頂，小陳的壓力消失無蹤了。

面對三種情障老闆，你該遠離

當你看到老闆在摔電話，當你聽到老闆在會議室怒罵經理，沒錯，其實老闆的人格不盡完善，老闆的情緒不如期待，但是因為他是老闆，他是統管公司的人，於是大家讓他三分。

替你的老闆打分數

（0～10，0代表老闆「絕非如此」，10代表老闆「絕對如此」。）

0 1 2 3 4 5 6 7 8 9 10

目中無人：

情障老闆不認為部屬會有什麼高明的建議，「如果你厲害，你還會留在我這裡屈就嗎？」情障老闆是這樣看待員工。

0 1 2 3 4 5 6 7 8 9 10

口不擇言：

情障老闆容易失控，有的是生理機制造成，有的是因為從小沒有學到正面的情緒表達，因此往往衝口而出，不管員工或客戶的感受。

0 1 2 3 4 5 6 7 8 9 10

身不由己：

情障老闆有的真有精神疾病，但是個人缺乏病識感，所以沒有接受治療。有的有治療，卻自行斷藥或酗酒，以致衍生更多後遺症。通常不明究理的員工，為了養家餬口只好忍氣吞聲，殊不知天天惡言相向的老闆「原來是生病了」。

有兩位同時受到老闆給壓力的上班族，他們問的問題頗有異曲同工之妙，是要老闆「改過自新」？還是要儘速打開上班族自己的「情緒空間」？

如果碰到拚命三郎型的老闆

第一位問的是：「我們公司的老闆是從基層業務員做起，當公司營業額已經爬上千萬以上時，他還是親力親爲，因爲他希望造就我們同仁每一個都像他一樣——做個『拚命三郎』，只要嗅到一點潛在客戶的味道，立刻要往前衝。」

「還有，就是他講起話來，嗓門很大又很急，話語本身不傷人，沒有批判也沒有三字經，算是『就事論事』講，只因爲他是老闆，所以只好一直聽他講，有時聽多了也會不好受，我該如何自我調適，解除壓力？」

我的回答如下：有些從基層做起的老闆由於凡事皆經歷過，所以上班族的一言一行都逃不過他的法眼，加上若個性急，處理事情就會用「快刀斬亂麻」的方式，令部屬沒有轉寰餘地。按照第一位的說法，老闆算是有修養的人，語詞不至於太負面，只是提訓的時候，聲勢太過於強烈而令人難堪。

像這種比較草莽性格的老闆，有時是可以私下以兄弟情份來搏感情，好好地點破他領導團隊時的盲點，要他容許部屬有各自行事風格，只要目標一致，過程作風不見得要完全 Copy 老闆的模式。

如果碰到不認錯的主管

第二位問的是：「我的主管非常情緒化，平常同事和他說話都戰戰兢兢，那天他把其他同事做錯的案子丟到我桌上，還要求我立刻改正。我因爲最近三歲兒子感冒，晚上需要照顧而身心俱疲，結果一時克制不了而大聲回問：『你爲什麼總認爲是我的錯？』」

「沒想到我這麼一說，主管火氣更大，就在同事面前毫不客氣地批評我。過了一會兒，我受不了，立刻跑出辦公室往廁所跑，然後大哭了一場，幸好同事好友來安慰我，勸我回去工作。事後主管發現眞的是他弄錯了，但是他沒有來道歉，不過對我的態度比較好一些，目前我心中還存在著不舒服的疙瘩。我該如何自我調適呢？」

第二位是職業婦女，顯然她並沒有考慮另謀他職。因爲，對有些上班族來說，若要在一位不懂體恤員工，又經常在公開場合大聲怒罵員工的地方工作，那是絕對不可能的。

但是職業婦女有家庭、有小孩，各種金錢壓力極大，加上若要另謀他就，也不是說換就換，一切都需要從長計議。

所以，我建議她若公司短時間內不可能更換這位不適任的主管，公司也沒在意他個人情緒對部屬的不當影響，那麼，三個月內或半年內申請換部門或另找合適的職場環境，是必要的思考。

話說回來，如果主管已經改善態度，對她客氣和緩許多，再也沒有錯怪的情形。那麼，「他欠部屬一個道歉」，這件事情是可以把它記在「人情帳」上，至少這位職業婦女還有好同事爲她撐腰，還有好家人爲她鼓掌，這個公司仍可待下去。

另外，她也需要了解，有些修養不夠好的主管，儘管有公司看重的專業能力，但是欠缺關懷引導的EQ，這是她需要理解的，同時拿捏互動的分寸，減少被波及的無妄之災。

當然我也提醒她，下次講話也需要注意，當說出：「你爲什麼總是認爲我犯錯？」這句話裡「爲什麼」、「總是」均屬於批判性的字詞，很容易挑起對方的怒火，尤其自信心不足的人、內心脆弱的人，或EQ不佳的人，往往是無法招架的。建議她試著說：「請告訴我哪裡錯了？這樣我下次可以改進。」

要和老闆搶話嗎？

記得，有一回，我在一家企業公司上課時，聽到一位中級主管分享，如何和講話快、聲勢大的老闆互動，他的心得很值得我們來參考。

「我絕不和老闆搶話！」他說。

因爲……

他的理由有三：

(1)老闆也是人，凡是人必有情緒，應該讓老闆把情緒充份發洩。

(2)老闆個性急，凡是個性急的人，根本聽不進任何解釋。

(3)自己虛心受教，如果老闆說得對，說聲「謝謝」趕快改進；如果老闆說得不對，那麼等他該說的說完，也就輪到自己可以解釋的時候了。

我問他：「那麼，你的情緒不會受到波動嗎？」

他回答得有趣：「我把那個過程當做修身養性，看看自己究竟還有多大的情緒空間來調整。」

老闆永遠是對的？

「客戶永遠是對的」、「老婆永遠是對的」，這是我們耳熟能詳的說法，甚至有的主管以「部屬永遠是對的」來經營辦公室文化。不過，如果說「老闆永遠是對的」，你能在第一秒內點頭承認嗎？

礙於薪資、礙於權威，多數人對老闆是唯唯諾諾，然而老闆就不會犯錯嗎？老闆的情緒反應就一定要照單全收嗎？

可以回應的老闆

(1)慎重其事請教你：當情障老闆請你坐在他辦公室的沙發椅，慎重其事地請教你的看法時，表示他此刻的情緒ＯＫ，你可以據實表達。

(2)問候家人，笑臉迎人：當你一腳踏進電梯，才發現情障老闆正對著你笑，而且問候起你的家人。這時，你可以大大方方地回應，因為——空間小，電梯不是他個人的地盤，還不至於對你造成威脅。

不要回應的老闆

⑴他正大吼大叫：當情障老闆拿著手機，對著客戶大吼大叫，遠遠地看到你，正準備把你叫住時，你最好識時務者爲俊傑，假裝沒注意到，儘快轉身溜走。

⑵他正處於恐懼和脆弱：當情障老闆指著桌上的企劃案或報表，對你大小聲，這時你看懂他內心「小男孩／小女孩」的恐懼和脆弱，於是慈悲爲懷地「感謝他的指教」，並暫時不語，再伺機而動。

⑶他可能腦功能失常：如果情障老闆充滿急躁性格，常做出不當的主觀批判，還有焦慮、憂鬱或歇斯底里地無端生事，這時做員工的你要清楚——你的敵人不是老闆，而是你老闆的腦部功能；由於老闆的腦部功能失常，已經不是你所能理解與改變，在這種狀況下，唯有「辭職」才是最好的回應。

不做極限達人，從容不迫的享受生活

我認識的一位「極限達人」朋友，他可以一邊口述交代事項給祕書，一邊和國外客戶連線，一邊整理下午的演說稿，一邊又咬著尚未吃完的三明治……

我常驚嘆他的人生爲何過得如此緊湊，他卻壓力不堪地回應：「唉呀！停不住啊！」儘管他似乎不喜歡自己每天如此忙碌，卻仍然像希臘神話中的薛西佛斯，天天把石頭推上山頂，接著，石頭就滾下山，他又得重頭來一趟，每天都是如此地反反覆覆。

「極限」一詞的興起，可能受廿世紀六、七〇年代，有個「極限運動」（Extreme sports）所影響。當初提出「極限運動」是有別於「一般運動」的保健養生。「極限運動」多了「驚險、刺激」的層面，它讓參與者遊走於體能、意志力和娛樂的邊緣，例如：高空彈跳，攀岩、全能越野賽等。

後來，「極限」一詞推展到電視媒體，成了「極限娛樂」，例如，曾經流行一段時日的影歌星去觸摸恐怖箱，還有野外求生比賽的「我要活下去」等。如今，讓參加比賽的歌手在台上被評審「圍剿」評論，這也算是「極限娛樂」的另一種形式。

工作狂	身體超時工作 心理上會聽從家人、好友、醫生的勸告，適時放鬆休息↓**認真達人**
極限工作王	身體超時工作 心理上完全聽不進任何提醒和規勸↓**極限達人**

「極限」一詞若推展到工作上，那就是「極限工作」的呈現。「哈佛商業評論」雜誌曾推出「超人也不能超時工作」一文，特別提及有些從工作才能享受人生滿足感的人，不知不覺成了「極限工作王」。

「極限工作王」比「工作狂」更加投入工作，完全不顧家人感受，也不注重個人身心健康，當工作任務來的時候，就像拚命三郎，沒日沒夜地加班、不吃不喝似地超時工作。

一個人變成「極限工作王」就是所謂的「極限達人」，完全挑戰不可能的任務，體能、精力、精神、智力都在緊繃狀態。尤其在金融海嘯階段，在疫情不安階段，更是爲企業生命的延續而全力賣命，爲員工未來的福祉而不眠不休。

「極限」可以說是一個人已到達崩潰的邊緣，不但身體承擔不起，連心理也面臨極大化的壓力，一位商場叱吒風雲的女強人，當她爲了推出一個新案子而連續三天三夜不睡覺之後，終於在店面開幕前一個小時暈倒了。

「如果讓我能有重新選擇的機會，我絕不再允許自己一頭栽進去，然後完全跳不出來。」目前正在調養身體的她，聲音虛弱、身體虛弱、精神虛弱，她提供寶貴的心得，她說：「景氣是差了些，但是我也不需要給自己過多的壓力，因爲我彷彿上癮般地工作，讓自己愈陷愈深。等我調養好，我一定不再如此任性。」

這是一位從職場上甦醒過來的「極限達人」，她終於發現極限工作的「極限」，可能毀了她目前所擁有的一切。如今，她願意退而求其次，做個「認真達人」就好了，畢竟人生事業是長程規劃的努力，而不是曇花一現的風光。

＊＊＊

極限達人的生活特徵

您有類似以下的生活模式嗎？

小心！

千萬不要成為極限達人啊！

是□否□ ①辦公桌旁放著咬了兩口的漢堡，停不住的工作讓你忘了午餐。

是□否□ ②咖啡喝剩一半，當匆忙送進嘴裡時，才發現怎麼早已冰涼苦口。

③當你匆忙從廁所趕回到座位時，明知有個重要電話必須回，但，究竟要回給誰？ 是□否□

④電話彼端傳來的客户詢問，你的憤怒刹那而起，你很想摔了電話不理他。 是□否□

⑤有些同事傳話表示「你不理人，一副高傲模樣」。其實是你忙得根本沒感覺到他們的存在。 是□否□

⑥好不容易坐在家裡的電視機前，想放鬆一下，才幾秒鐘之內，你打起瞌睡了，當突然驚醒時，發現螢光幕還亮著。 是□否□

⑦老婆／老公最近一直抱怨你不常在家。 是□否□

⑧你的身體有些異樣，你根本沒有心思去管它。 是□否□

⑨你開著車準備回家，一路上眼皮是累得快睜不開。 是□否□

⑩公司一個新的企劃案又找上你，儘管手邊還有許多未完成的工作，你還是毫不猶豫地點了頭。 是□否□

以上測試，你發現了自己的現況，你決定改進如下：

兩個以下✓	輕微的極限達人	需要找個好友，幫忙提醒
三至五個✓	普通的極限達人	需要把下週的工作行程劃掉三分之一。
六至八個✓	高度的極限達人	需要把下週的工作行程劃掉二分之一。
九個以上✓	重度的極限達人	需要完全脫離現有的工作情境三天，問自己要命？還是不要命？

極限達人最需要去的地方

(1)兒子、女兒的學校

(2)老爸、老媽的家

(3)老婆、老公的同學聚會

(4)健身房

(5)電影院

(6)游泳池

(7)海邊

(8)森林

(9)書店

(10)KTV

只要做到分一點時間爲自己而活，只要做到分一點時間遠離辦公室，那麼，你就可以和「極限達人」說再見了。

極限達人的心聲

一位友人非常符合「極限達人」的標準，一年內，他有兩百多天是在海外飛來飛去，每天工作到深夜兩、三點，當我關心起他爲何要如此和自己過不去時，他回答得很妙。

「我願意和自己的命運賭一把，賭贏了就是我的，賭輸了——那——再說！」他很瀟灑地如此說道。

原來他從小歷經家境困苦、寄人籬下、父母又體弱多病……，可以說，他曾經在「要什麼，沒什麼」的情況下長大。

如今，當他可以「要什麼，有什麼」的時候，他豁出去了。

我，可是爲他捏了把冷汗。

在我認爲，他生命此刻最重要的「一」應該是暫停腳步，並且好好問自己，現在的生活方式眞的是我要的嗎？如果不要，可以找對哪個壓力源先調整呢？

不論如何，當然，我還是衷心祝福他！

我差一點成為極限達人

我曾經為了多賺錢養家而身兼數職，白天在報社擔任三個版面的主編，還到電視台擔任節目的刊物主編和企劃，來去之間往往要搭著計程車而在車陣之間飛奔。

傍晚下班回到家，我又需要脫下高跟鞋、拋下公事包，然後在廚房、餐廳之間飛快地做出熱騰騰的菜餚，接著，在一堆尚未清理好的鍋碗瓢盆之外，更吃力的是要觀照兩個兒子的課業……

當我一邊打著瞌睡，一邊罵著兒子不夠認眞用功時，各位可以想像到一位身心俱疲的職業婦女是如何不知不覺掉入「極限工作狂」的瘋狂境地。

當我的兒子握緊拳頭反抗時，當我的丈夫抱怨「妳是嗜錢如命的魔鬼」時，當我的好友關心地問：「妳有必要讓自己沒日沒夜地忙嗎？」當我的身體出現一些警訊來抗議時，我……

嚇到了！

我怎麼啦？

爲什麼我這麼努力賺錢卻得不到家人的感謝和支持？

我怎麼啦？

爲什麼我這麼賣命工作卻看不到更快速的出人頭地？

我怎麼啦？

爲什麼我這麼求好心切，我的身體卻不配合我？

從「極限工作狂」回到「工作狂」，再回到「身心健康快樂的上班族」，就在一念之間。

各位可以試試看，只要掌握對的原則，你會發現若自己遊走在「極限」邊緣時，其實可以不再掉入瘋狂加班的漩渦中，反而能享受到工作中的從容不迫，同時做到績效滿分。在痛定思痛之後，我選擇了改變的三步驟。

心態上	做法上
可以**快**，但不要**急**	我加快思考的速度，加快了行動的腳步，但是我學習維持心情上的心平氣和，絕不讓自己急躁莽撞，壞了情緒。
可以**多**，但不要**雜**	一個企劃案進行過程中，可以多元思考，找到各種可行的做法，但切忌多頭馬車分散處理，要有中心點聚焦地執行。
可以**細**，但不要**碎**	交待部屬時，先在字條上清楚列下一、二、三……細則，說明回報的時間點，然後中間過程裡不再瑣碎地問東問西。

第3章

無往不利的識人術與溝通技巧

學會情緒辨識的五個捷徑

其實不能完全怪罪於你，你這麼忙碌於工作，事情又很瑣碎，你哪能注意到對方表情上、動作上、情緒上一些細微的變化。你更沒想到這些細微的變化，正在決定你的訂單是否能順利成交？你的職責是否能儘速順利達成？

情緒漠視↓疏忽了與周遭人際相處的細微觀察↓衍生了不必要的誤會，造成壓力。

情緒辨識↓學會發現自己的情緒狀態，也懂得辨識他人的情緒狀態↓掌握了互動的進退分寸，減少壓力。

不管是表意識故意來隱藏，還是潛意識不經意的遮掩，大多數人的情緒往往在一言一行、一笑一顰之間瞬間即過，如果沒有用心去觀察、去了解，往往錯失溝通時彼此眞正的含義。上班族在職場上與主管、部屬或客戶之間的相處，其實是很需要學習「情緒辨識」的藝術。

達輝出身在一個傳統保守的家庭，從小他和嚴肅的爸爸幾乎沒有什麼生活的交集，更遑論兩人是否能夠交心分享。達輝的媽媽更是沈默寡言，她只是做一個媽媽顧家的工作，很少和子女互動聊天。

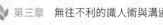

在這樣的家庭成長，達輝和研發部門主管的相處也出現了情緒辨識的困擾。有一天，王經理看過達輝的企劃案後，說了句：「You could be better!」（你還可以做得更好）

這句話讓達輝寢食難安，挫折感很深，他覺得自己已經絞盡腦汁、連夜加班完成了，怎麼還說是：「You could be better!」

如果那裡做不好，需要加強改善，王經理爲什麼不明講呢？

類似這樣和王經理相處上的芥蒂越來越多，達輝開始自我懷疑起來，擔心公司會把他辭掉。

培養情緒解讀的能力

「請回想一下，當王經理說——You could be better 時，他表情是輕鬆愉快地，還是嚴肅生氣？」我詢問達輝。

「嗯——不太有印象，我沒怎麼注意。」達輝搖搖頭地說。

「請閉著眼睛再仔細想想看，當時他正在做什麼？他的眼睛有看著你嗎？他的聲調是平穩的？還是提高的？」

達輝閉著眼睛，他似乎努力從腦袋的記憶庫去搜尋，他開口了：「經理好像不是生氣，也不是抱怨，聲音也不算激動。」

達輝睜開眼睛接著說：「咦？現在重新回想起來，其實經理是在鼓勵我哩！我還記得他說完 You could be better 後，他還笑笑著臉，從椅子站起來，拍拍我的肩膀說加油！」

這就對了。

當達輝錯誤解讀王經理的情緒表達時，他看到的都是負面的情境，也因爲不敢再去請教王經理眞正的意思，以致讓自己陷入情緒泥沼而痛苦不堪。

情緒辨識高手的六大指標：

是□否□　①溝通時，你的眼睛會用心但不給壓力地看著對方。

是□否□　②每隔約十秒鐘，你會自然地轉移視線，讓對方有放鬆調整的機會。

是□否□　③你看對方時會注意到他眉頭、眼角、鼻尖、嘴唇和肌肉是否有細微的顫動，並看出是否和談話的內容有連貫的情緒反應。

是□否□　④情緒辨識不只是臉部細微的觀察，還包括到全身上下，動作是否一致性、聲調是否一致性。

是□否□　⑤當對方有不明確的情緒訊息出現，你敢於立刻請教，以便減少雙方有溝通上的誤會。

是□否□　⑥當發現有錯誤的情緒辨識，你願意從中學到改進的方向；若造成和對方有誤會，你也勇於道歉。

學習情緒辨識的妙方

人際關係正在決定一個人的職場關係、客戶關係、業績關係等等。一位上班族若學會了「情緒辨識」，不但可以在辦公室內說該說的話，做該做的事；也可以做一個善體人意、廣結善緣的好員工。

有些父母從小沒有給予女良好的家庭互動模式，使得上班族疏忽了察言觀色的學習；也可能從小學到了錯誤的情緒表達方式，導致有不正確的情緒解讀，而造成人際相處不正確的「壓力源」。

往後我們只要願意多下點功夫，多耐心地互動、多細心的觀察，日久之後，也就可以做個情緒辨識的高手了。

學到情緒辨識的五個捷徑：

(1)看影片時，用心「讀出」劇中人物的喜怒哀樂。
(2)看電視採訪或座談節目時，用心「讀出」現場主持人和來賓的情緒反應。
(3)閱讀作品時，用心「讀到」作者對出場人物的心理感受上、穿著打扮上、環境氣氛上的描述。
(4)等車時、搭捷運、逛商場、到餐廳等公眾場合，多觀察陌生人的身心狀態、人際關係、家世背景和生活喜好等。
(5)看自己從小到大的照片、生活紀錄片，注意自己在不同階段的情緒軌跡。

個人情緒辨識與改善之道：

(1)情緒指數		①情緒完全低落。 ②缺乏工作動力。 ③停留在自己的世界裡。	若已持續超過一週以上，請儘速尋求支援，不論從心理輔導或精神醫療均有方法改善。
(2)情緒指數		①情緒有起伏。 ②勉強打起精神工作。 ③對同事的關心反應冷淡。	找個人聊聊吧！找出自我設限的感覺是如何發生的？尋求感覺突破的機會。
(3)情緒指數		①情緒平平。 ②可正常地完成工作任務。 ③選擇性地和某些同事互動。	日常工作之外，也需要來點有趣的娛樂，或多元創意學習，別把自己悶壞了。
(4)情緒指數		①情緒不錯。 ②工作態度良好，能自主管理。 ③和同事關係有來有往，是合群的一份子。	自己好，也要更主動關心同事的情緒狀態和工作進度。下班後不妨偶爾也邀那些情緒在①、②、③的同事一起逛逛吧！
(5)情緒指數		①情緒非常開心。 ②非常喜歡自己的工作，不但積極投入還能提出創新改革。 ③除了有效率地完成工作任務外，還樂於協助同事。	你在同事眼中早已是個開心果，「有福同享」是你的生活態度，繼續發揮這種特質吧！

一定要做對「識人術」和「同步效應」

當一位熱心款待你的客戶，最後卻拒絕購買產品，這時一定令你錯愕不已。難道所有的互動都是虛空的嗎？

當一位有說有笑的同事，讓你如獲知音，不料，他竟然在你的背後說盡壞話。難道所有的對話都是虛假的嗎？

人際關係裡往往會有讀錯訊息、溝通誤導的現象，多數人從小在家庭、在學校並沒有得到察言觀色的訓練，也沒有在專業的引導中學會「同步效應」，以致溝通上往往有「溝」沒有「通」。

識人術	與人互動過程中，若能從細微之處，例如：面部肌肉變化、聲調起伏高低、氣味膚色，動作的方向與速度……，可以看穿對方的心思和行為破綻。
同步效應	溝通時，快速調整個人心態，從言行回應上，讓對方感受到相似的頻率，而得到善意的回應。

巧妙的「識人術」

學員建平不知道應徵過多少公司，他自認履歷表寫得工整漂亮，有幾回在電話中接受公司主試人員的詢問，他也自認表現得體、博得好感。

可是當眞正進到對方公司，坐在人事主管面前接受面試時，往往十分鐘左右，就見到對方開始收拾桌面上有關他的文件資料，同時講幾句客套話，接著就站起身子說：「請你再等我們通知吧！」

沒有當面的讚許和肯定，建平就知道大勢已去，只是……究竟哪裡出了差錯？為什麼總是在最後一關才被打回票？

建平既懊惱又氣憤地說：「吳老師，我不甘心啊！」

「來，假設我是主考官，我來看看你的表現。」我在課室裡也引導所有學員模擬爲主考官，然後來看看建平在「識人術」裡敗在哪個環節上。

接下來，從家世背景、學業經歷、面相表情、身心狀態、言行舉止、工作動力等各方面，建平眞的接受在衆目睽睽之下的檢視。

果然，建平在三個主要部份被我看出「不足信賴」的破綻。

(1)回應的速度總是停頓二至三秒才正式回應，這令人覺得他不夠誠懇，不夠有自信。

(2)回答的內容過於簡短，以致有「欲言又止」的錯覺，這在溝通上是一種大忌，容易讓主考官感覺到在「等待回應」的不耐煩。

(3)建平總是不自覺地用舌頭舔一下唇邊，這個動作雖然快速而過，但是躲不過主考官的眼睛，這代表了「緊張」背後的「身心不夠成熟」。如此這般，公司又如何委以重任，加以錄用呢？

接下來，在課堂裡，就讓建平在自我提醒之下開始改進面談技巧。「老師建議你多成長、多演練，把自己從各方面修整爲一位熱忱、堅定、負責形象的上班族，那麼工作機會也就非你莫屬了，加油！」

善用「同步效應」

「只要碰到人家的眼神嚴厲一點，我就會不想說話了。」一位業務員屢戰屢敗，他不明白爲什麼總是做不到好業績。

這位習慣性從挫折中退縮的業務員，他就是卡在不懂得善用「識人術」和「同步效應」的人，當下我爲他做了如下的分析和建議：

當對方露出嚴厲眼光，並不代表對方拒絕或是厭惡，其實這是人類共通的心理反應，一般客戶面對要從口袋拿出錢來購買產品，都會有「害怕做錯決定」或是「花錢有內疚」的感覺。

所以，這時可以暫時轉移話題，談些客戶有興趣的事，讓氣氛和緩一下。或請教他一些問題，並尊重他的看法，當話題輕鬆、關係親近了，最後再轉回產品議題，對方的眼神、表情和內心感覺就會跟著轉變了。

也就是說，在與人相處應對進退之際，有時可以主導話題，並且把柔軟的肢體語言（包括：關懷的眼神、語調輕鬆、拍拍肩、握手……）導入，讓客戶不知不覺中學到我們的情緒反應，從而創造兩人可以繼續溝通下去的好機會。

兩性相處的同步效應

另一位是苦惱不已的ＯＬ，她說：「我男朋友很遲鈍，我在講什麼，他都沒有什麼反應，只會嗯、嗯，我好像在對牛彈琴。」

由於一對情侶來自不同成長背景，若期待一開始兩人就有步調一致的情緒回應，這是會有些困難，總要經過一段時間磨合，才能逐漸弄懂彼此的情緒訊息。

那麼，要如何做好兩性之間的「同步效應」呢？

不論是情侶、男女同事或是異性客戶，其中的女性角色者，通常在情緒回應上給得快、給得多，相對地也會要求對方（男性）要給得快、給得多。

偏偏多數男性在溝通互動上是慢一拍型的人，往往沒有靈敏地讀到對方的肢體訊息，例如：「兩眼直瞪」代表快生氣了；「眉毛挑起」代表疑惑或好奇；「摸鼻尖」代表不想說真話；「搔搔頭」代表尚未能做決定……

女性若要引導異性做到更好的互動溝通，不妨在「同步效應」上多一點耐心，盡量找對時間點，讓對方能放下手上的工作，願意面對面談話。

在沒有分心的事務、沒有干擾的狀況下，哪怕只有五分鐘、十分鐘，溝通上「同步效應」的速度和效果就會出現了。而男性在「無所遁逃」的情況下，也就比較能專心來應對了。

同步效應的三步驟

Copy 對方	**第一步**：面對一個不好溝通的人，不妨先學習對方的動作、姿勢、口氣、用詞、神情……讓對方卸除心防，感到和你是類同的一方。
讓對方 Copy 你	**第二步**：逐漸引導對方在和你握手、交換名片或眼神交流的時候，轉換成你的模式。（你提供的是快速的信賴、愉悅的氣氛和樂意聆聽的溝通模式。）
互相 Copy	**第三步**：在一來一往的過程中，「同步效應」不知不覺中就建立起來。這時在不著痕跡的互動變化中，兩人的默契和互動也就越來越流暢了。

識人術的學習要領

看影片、看電視螢幕	多注意畫面裡說話者的語詞、語音、表情、動作是否「言行一致」？
街頭觀察	不論坐在捷運上、在高鐵候車區、在機場、在百貨公司進出口、在餐廳取菜時……都可以看到眾生相而累積識人的經驗。
閱讀作品	從作家、記者生花妙筆的作品中，可以看到細膩而專業的描述，從而學習到觀察入微的技巧。

不掉入「破窗效應」的負面漩渦

上班族往往不知不覺掉入了「破窗效應」的陷阱。

「破窗效應」是一種人類有趣的從衆行爲，但通常是指負面的表現。例如，第一個丟棄垃圾的人，還會注意是否被人發現，有所警惕。然而，如果，路過的地方早已垃圾成堆，那麼，人們往往跟著隨手就丟。

同樣的道理，辦公室裡如果有人偷懶而未被糾正，那麼自認工作努力的人不知不覺會因心生不平而跟著怠惰。

這也就是說，上班族千萬不要做第一個打破遊戲規則的人，以致造成公司出現了不良的習性；同樣道理，公司主管也要成爲把關的第一人選，當部屬出現不當行爲時，要快速輔導或糾正。

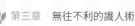

破窗效應

理論上↓ 如果有人把一棟建築物的玻璃打破，又沒有及時修理，那麼，可能引來「暗示性的縱容」，而出現更多破碎的玻璃窗。（出自美國政治學家威爾遜、犯罪學家凱林的「破窗理論」。）

生活上↓ 社區裡、校園裡，如果開始有人不守秩序或做出缺乏公德心的事，例如：插隊、亂丟垃圾或大聲喧嘩，卻沒受到制止，那麼，將出現更多類似如此自私的行為。

工作上↓ 組織體系裡，如果開始有員工遲到早退卻未受到申誡，或是和客戶大聲爭吵卻未受到主管勸導等，接著，組織內部將逐漸出現不服管教或公司倫理崩解的現象。

「破窗效應」可能造成的壓力

從第一階段的「矛盾」到第五階段的「掉入染缸」，一般有強烈道德感，或是自律性很高的上班族，多少都會在良心譴責和自我說服上感到極大的壓力，最後，有的是選擇「事不關己」而略過不管；有的則是「有樣學樣」，變成了一丘之貉。

以上過程，各位從辦公室的一些現象可以深入思索一下，例如：

性騷擾：看到某位男同事喜歡口頭（甚至是肢體上）佔女同事的便宜，大家卻噤若寒蟬。日子一久，可能連自己也以爲只是開開玩笑而已，開始做出了令女同事身心「不舒服」的事。

欺負新進同仁：當初主管請A同事協助一位新進B同事儘快進入工作狀況，結果A同事趁機把一些模糊區塊的工作事項擅自挪給B同

第五階段：**掉入染缸**	心存僥倖，既然他沒被發現犯錯，那我應該也不會那麼倒楣被發現，我何不也一樣。
第四階段：**失憶現象**	彷彿從未發生這件事，自己何必壓力大，把它擠到記憶的角落邊吧！
第三階段：**視若無睹**	既然其他同事沒有反應，主管也一直沒吭氣，那麼自己也就睜一隻眼，閉一隻眼吧！
第二階段：**等候**	靜觀其變吧！如果還有其他同事也發現大家再一起看著辦吧！
第一階段：**矛盾**	通常看到同事犯錯卻沒被發覺，心中多少感到矛盾，不知道是否提醒他？還是向主管提報？

事做。等B同事過了數月後發現眞相時，敢怒不敢言，因爲「師父引進門，感激爲第一」。但是轉身又要去帶領新進C同事時，B同事也使出了和A同事同樣的伎倆，把那些工作事項又轉出去了。

辦公室破窗效應自我檢測

你想了解自己工作環境內，是否有負面的「破窗效應」嗎？以下「是」者越多，代表你已陷入「破窗」環境，你需要清楚覺察，不要隨波逐流。「是」者越少，代表你在一個自律性極高的辦公室，人人自重自愛。

是□否□ ①辦公室有些文具、用品，因開放取用，已有同事隨手帶回家了。

是□否□ ②午休時間，有的同事遲歸並未報備。

是□否□ ③有同事以少報多來申請差旅費或油料費，卻一直未被發現。

是□否□ ④辦公室出現第一個小圈圈團體，卻未被及時勸止。

是□否□　⑤會議時，第一個同事回應「沒意見」，結果全部噤若寒蟬。

是□否□　⑥有同事彼此戲謔過火，已有性騷擾之嫌，卻未被制止。

是□否□　⑦公司出現第一封e-mail黑函，卻未被追查和處理。

是□否□　⑧公司開始有些八卦傳聞，卻未被及時制止。

是□否□　⑨辦公室同事有私下不當的金錢往來，卻未被關切。

是□否□　⑩有同事晚上留守公司，藉加班之名，其實是上網哈啦。

中止負面的「破窗效應」

建華買了新車後，由於自己一向熱心助人，加上同事也來開心祝福，於是下班時，建華往往隨口一句：「有誰要搭便車嗎？」

剛開始是新鮮感，加上熱情招呼，有些跨部門女同事也跟著來湊熱鬧。

一個月後，建華開始吃不消，開始是老婆先發制人了。「爲什麼要不相干的人坐我們家的車。」、「你的孩子就不用接送嗎？你是不是熱心過頭了？」

姑且不論建華老婆是否講話太過私人情緒，他確實反省到自己開了一個例而一發不可收拾，弄得身心俱疲。後來他決定戒除自己以「搭便車」來討好同事的方式，並以「老婆」名義，表達「妻管嚴」的爲難，而讓同事知難而退。

「操作表」有需要嗎？

有一回受邀到一家外貿公司講課，課程進行中正在分組討論，客服組的小麗抱怨著：「爲什麼一定要操作表，公司管得太瑣碎了吧！」（注意，有同事正準備製造公司的「破窗效應」。）

小麗剛到公司不到一個月，正在適應階段，她的話語甫出，坐在一旁的淑宜立刻漲紅了臉，但是她勇敢地說：「小麗，這件事和我有關啦！」

原來兩年前，淑宜到公司才三個月時，有一回客戶的貨送到了海關，才發現其中一項產品的牌子漏放，結果整批貨延誤到下一個航班。

從此以後，公司爲了讓客服部同仁不再忙中出錯，於是製作操作表，每個程序做到了就打記號，讓所有過程都得到仔細的確認。

小麗聽清楚了淑宜的解釋，立刻笑笑地說：「原來妳錯在先，我對在後，謝啦！」另一位資深員工雅雯大姊說：「沒有按操作表做，那客戶有抱怨，變成是妳的責任，但只要妳一一完成確認程序，那就是公司的責任了。」

太棒了，在課程分享討論的過程中，一個可能造成公司往後嚴重損失的「破窗效應」，就此被打住了。

正面的「破窗效應」

當初，「破窗理論」雖然大多以負面方式被廣泛討論，其實它也可以有正面的效應。在家庭裡，一個懂事認眞的哥哥姊姊，自然就影響了弟弟妹妹喜歡求學、自動自發。在學校裡，一位在班上熱忱待人、領導有方的同學，自然就創造了同學們互相友愛、共同成長的氣氛。

在社區裡，一個家庭維持環境整潔、注意花草布置，附近鄰居也就跟進做到住處的整潔美觀。

同樣地，在辦公室，一個兢兢業業工作的上班族，自然可以影響到同仁們勤奮上進、樂觀進取的態度。

總之，做一個樂於成長、樂於改進的上班族，當周遭出現「破窗效應」時，要懂得若是「負面」的要中止，「正面」的則可以從善如流，那就不至於掉入「破窗效應」的負面漩渦而壓力重重了。

你的愛情壓力來源

職場上，男女同事、客戶朝夕相處，若要說全無情愫可言，這是說不過去的。然而職場如戰場，若是沒把情愛關係搞定，有時候也會變成生涯發展的壓力源。一般而言，上班族若沒處理好愛情，可能有如下的壓力：

辦公室內戀情：

已婚者	在有婚約的情況下卻愛上同事或主管，結果，因為給不出承諾，雙方糾纏不清而無心工作。
未婚者	有鑑於有些公司嚴禁同仁之間談戀愛，結果雙方害怕被發現而閃閃躲躲；有時因為鬧分手，結果在辦公室內相處起來很難堪。

辦公室外戀情：

狀況1	不管已婚或未婚，由於戀愛關係沒有處理好，致使對方不甘心，於是一不做二不休，持續連環叩到辦公室，甚至衝到公司來大鬧。
狀況2	也有可能自己沒有「愛情自主權」，當被迫分手時，一時焦慮難過而在辦公室失控哭泣或請假數天。

不要小看這些上班族的情愛關係，不管是一時情不自禁，陷入愛情漩渦；還是因爲對方死纏活纏，最後被迫在一起。這些在初期是纏綿悱惻的愛戀，最終卻成爲反目成仇、惡臉相向的交往，是上班族的大忌。

上班族在男未婚、女未嫁的情況下，渴望愛情，渴望婚姻，這是無可厚非。如下五項「戀愛壓力指數」測試題，請選擇你心目中的答案，再看自己是否情關難過？還是，愛情和工作可以兩全其美、齊步發展？

題目	選擇	得分	
1. 因為工作忙碌，忘了約會，結果對方打電話來興師問罪	a. 豈有此理，你應該體諒我的辛苦。	□是	0分
	b. 你又無理取鬧了，好吧！找個時間再溝通一下。	□是	10分
	c. 立刻道歉，並反省自己，下次絕不再犯。	□是	20分
2. 對方已有愛人，你仍舊展開追求	a. 不追白不追，大家公平競爭呀！	□是	0分
	b. 釋出曖昧之意，說不定還有機會。	□是	10分
	c. 尊重對方的選擇，保持距離，欣賞即可。	□是	20分
3. 風聞主管將出面阻止辦公室戀情	a. 當初是你要苦苦追求，應該是你主動辭職。	□是	0分
	b. 我們暫避風頭，在辦公室不做互動。	□是	10分
	c. 我們公開戀情吧！若得不到同事的祝福，我們再一起研究下一步怎麼做？	□是	20分
4. 認識這麼多年，愛人已變成親人了	a. 我想維持現狀，若你想結婚，另找他人吧！	□是	0分
	b. 過一段時間再說吧！	□是	10分
	c. 也是該給個清楚交待了，我們結婚吧！	□是	20分
5. 久別重逢，要復合嗎？	a. 上床即可，其他免談。	□是	0分
	b. 看著辦吧！我被嚇怕了。	□是	10分
	c. 既然誤會已冰釋，彼此仍有好感，不排除重新開始。	□是	20分
總分	1＋2＋3＋4＋5＝□分＋□分＋□分＋□分＋□分＝____分		

戀愛壓力指數評估

得分	戀愛壓力指數	建議
80～100分	超低	恭禧你，因為你懂得在工作和戀愛關係之間找到平衡，而且享受其中的樂趣。
60～79分	低	有時你會錯愕對方的反應，難道沒有處理好嗎？幸好你懂得反省和調整。
40～59分	不低不高	你在工作和愛情之間經常選擇「不在意」，有時容易錯失良緣。
20～39分	高	你對愛情有些錯誤評估，今後不要只顧看到對方的錯，自己也需重新調整心態。
0～19分	超高	請儘速從情愛關係成長成熟起來，不要再做「工作英雄、戀愛白痴」了。

愛，對了嗎？

在職場上的情愛關係，如果處理得當，絕對是對工作有加分作用。

◎李澤和王珊這對佳偶

從大學起，李澤和王珊就是公開的班對，他們的感情一向穩定而親密。當王珊先進入一家貿易公司上班時，李澤還在當兵。直到一年多之後，李澤也進入一家銀行做放款業務。在這段先後進入職場的過程裡，李澤雖然有遇到其他異性而動心的記錄，但是兩人總是在充分溝通、彼此釐清的相處下，又回到相知相惜的原點。

李澤後來離開銀行進入房地產領域，憑他的踏實穩重在業界逐漸成爲頂尖業務員，而王珊也在原公司升爲總務主管……

兩人年齡相仿，在三十歲之際，確定爲終身伴侶，因而共同規劃婚禮，這其中，儘管本身工作忙碌，雙方家長也有些意見，但是總是能儘速協調、互相體諒而化險爲夷。

根據老婆王珊的說法：「我們倆的收入還只能租房子，但這是暫時的，我們正努力籌集自備款；另外，生孩子的事也都在規劃中。」

講到這裡，王珊很有把握地笑著說：「我不會讓自己當高齡產婦啦！」

我很欽佩他們夫妻採取穩紮穩打的方式，把家庭（愛情和婚姻）和工作（賺錢謀生和自我實現）做了非常好的結合。

◎蘇德和鄭雲這對怨偶

蘇德和鄭雲當初是在pub認識，在酒酣耳熱之際，兩人感覺來電，於是不到午夜之前，兩人已迫不及待上賓館辦事。

翻雲覆雨之後，兩人酒醉略爲清醒，才互相聊起來，蘇德是和女友剛分手，鄭雲也有一個一直想復合的前男友。兩人聊著聊著感覺很到味，於是相約週五下班後在邂逅的pub再次約會。

不過，在兩個月後，因爲負氣分手的前女友在一趟背包客自助旅遊後，決定回到蘇德身邊……

那一夜，蘇德在手機上吞吞吐吐，沒有說「好」，也沒有說「不好」，數分鐘之後，前女友還是掛斷了電話。正好鄭雲從浴室走出來，拿著大毛巾擦拭髮絲，當她看到蘇德一副失魂落魄的模樣，憑著女性的直覺，馬上問：「是她想回來，是不？你爲什麼不明講我在這裡，你這是什麼意思？」

蘇德沒想到鄭雲的反應這麼激烈，他儘管不吭聲，心中已經後悔讓鄭雲登堂入室，他也盤算著如何把這位「一夜情女郎」儘速請走。

接下來的後續故事，就是蘇德換手機門號、換租屋處門鎖。不甘心的鄭雲竟開始打電話到公司騷擾，還找來前男友在蘇德上班的路上擋人……

蘇德告訴我：「由於和她（鄭雲）在衝動下匆促成爲男女朋友，當她要求和我同居時，我又不好意思拒絕。加上心中有個不成熟的報復心理，我要前女友看到我交新女友的本事，結果……就是……現在這樣……一團亂。」

找對愛情伴侶為工作加分

找對愛情伴侶需要有五大「對」的條件：

(1)在「對的地方」認識的伴侶比較單純

例如：讀書會、好友的聚會、成長教室、登山社等。（切忌賭場、酒吧、舞廳、夜店等。）

(2)在「對的時間」認識的伴侶比較單純

例如：光天化日下，可以腦袋清醒、眼睛明亮地對追求者察顏觀色。

(3)由「對的人」介紹認識的伴侶比較單純

例如：雙方共同認識的人，因為各有深入了解，介紹起來會順利多了。（切忌在不相熟的場合，因為有人瞎起哄而湊成一對。）

(4)在「對的話題」下共同成長會比較長久

例如：從分享開始，從請教開始，談得多，挖得越深，會知道雙方是否合適。（切忌只聊些吃喝玩樂之事。）

(5)在「對的關係」下互動會比較尊重彼此

例如：先從「友誼關係」到「伴侶關係」；先從「眼神探索」到「牽手感覺」，再到「身體接觸」，在循序漸進下，雙方的感情是有互信互愛的基礎。（切忌一開始就是「性」的吸引，因為當生理感覺掏盡之後，爭吵也將開始了，這是由於彼此不夠了解而耐心不足、缺乏信任。）

當愛情來的時候，出於雙方有了如上「對」的相處經驗，那麼將彼此鼓勵，在工作上更精進，碰到有挫折時也多了一位關心、聆聽、引導的好伴侶。

記住，職場上你要的是一個可以相互扶持、共同成長的伴侶，絕不是「化助力爲阻力」的愛情殺手。

第4章

Smile

學習放鬆的技巧

生理壓力的十句警訊

達明在一家科技公司擔任研發的電腦工程師，最近他的壓力大極了，他抱怨主管丟太多案子給他；工廠的同仁說他的設計規格有問題；回到家將近晚上九點了，老婆早已擺張臭臉等著他，只有四歲的女兒對他最好，聽到他進門，立刻從床上跳出又直撲而來，還開心地說：「爸爸，我好想你哦！」

不過，下一秒在老婆發飆的聲浪中，女兒被老婆一手拉走，達明無奈地走向餐廳，瞥一眼餐桌上的冷菜冷飯，他一點胃口也沒有……

「唉！白天過去了，漫漫長夜才要開始！」達明喃喃自語，從冰箱上面抓出一碗泡麵，逕自走到飲水機，然後把熱水一按，看到冒著煙的滾水落入免洗碗內……這是一天內唯一一頓可以引起食慾的晚餐，他終於有飢餓的感覺了。不過，想到晚上是否能有個好眠，他又嘆了一口氣。

達明找錯壓力源

坐在我面前睡眼惺忪又哈欠連連的達明，任誰看了也心疼，好端端年輕有爲的科技人，如今面臨了工作做不下去、老婆發出最後通牒，自己每天又有非常深的倦怠感……

達明自認目前他有兩大壓力源：

(1)主管故意要整他。

(2)老婆不夠體諒。

說來說去都是手指頭向外，一味地怪罪他人。

心理壓力：因爲人際關係不佳所衍生相處上的困擾。

生理壓力：因爲身體照顧不周以致體力、體能、體重失調所衍生的困擾。

上班族若工作忙碌，對體內發出的警訊通常漠視帶過，直到和周遭家人、同事發生口角或冷戰，又誤以為是人際關係造成的壓力源。

像達明這樣的上班族，當有如下列身體警訊時，代表了生理壓力原因在前，心理壓力在後，千萬不要弄錯方向尋找壓力源。

(1)頭痛
(2)胸悶
(3)腰酸背痛
(4)沒有胃口
(5)常感冒
(6)胃腸不適（胃痙攣、胃脹氣、拉肚子、胃食道逆流等）
(7)昏昏欲睡
(8)容易疲倦

(9) 失眠
(10) 易怒

達明在勾選上述單子的十項確認表，發現自己的生理壓力竟然高達六項之多，有：(3)、(4)、(5)、(6)、(9)、(10)

接著進一步確認他的日常生活七大指標，發現了進一步的原因。

日常生活七大指標	是	否
①肉食比蔬菜水果還多	✓	
②喜歡甜食（如：巧克力、蛋糕、奶茶等）	✓	
③飲食多偏向重口味（例如：炸、辣、油、鹹）	✓	
④一天喝水量不足兩千CC	✓	
⑤有睡眠障礙現象（不易入睡、淺眠，或容易睡眠中斷等）	✓	

⑥沒有做到「三三三運動」原則（每週至少三次有氧的運動，每次三十分鐘）	✓	
⑦每週沒有安排至少一次娛樂活動（例如：戶外活動、看電影、藝文欣賞或朋友聚餐等）		✓

簽名：達明　日期：○○年○月○日

達明終於恍然大悟

達明發現自己每天是「本末倒置」在過日子，原來沒有把自己的身體先照顧好，以致抱著疲累的身體，對主管、對老婆沒給好臉色，使得關係越來越緊張，後來，達明透過和我諮詢與討論的過程，他做了如下的改正：

飲食戒除

(1)不再吃泡麵，不再沈溺於重口味的誘惑。

(2)不再謝絕老婆的愛心蔬果。（真的每天吃到了三蔬二果，同時多深色蔬菜。）

(3)不再隨手就喝同事送來的含糖冰品。

喝水規劃

(1)按照我所推薦的喝水祕訣，早上起床，慢慢喝下五百ＣＣ溫水。每喝一口，就是心存感謝。

(2)自備約五百ＣＣ的水瓶，家中裝滿後帶到公司，在中午前分段喝光；接著在公司飲水機又裝滿第二回合的五百ＣＣ，約在下午四點前喝光。再裝第三回的五百ＣＣ，約在晚上八點前喝光。

運動規劃

(1)找到同部門的同事好友喬、麥可，和約翰相約週三和週五是運動日，也就是晚上六點下班後，吃過簡單點心，相約到公司的活動中心打羽毛球。

(2)週六、週日再也不蒙頭大睡到近中午，在老婆的鼓勵之下，他穿上運動短褲、短衫，開始到住家附近的小學操場慢跑。

改變原則

成功的人絕不找藉口
這個人生，不是我能不能改變？而是我要不要改變？

三個月後，我正巧應邀到達明的科技公司演講，當我進到會場，看到坐在方桌角落的達明，有一種似曾相識的感覺，約兩秒之後，我不禁驚呼：「哈——你是縮小版的達明！」

達明立刻起身和我握手，他氣色紅潤，肌肉結實，臉上堆滿了輕鬆和愉快的笑容，我好奇地說：「你比上次我見到的時候好太多了！」

達明一邊向我致謝，一邊誠實地自我爆料，他說：「當時是我老婆逼我去找你，那段時間我已經痛苦到整個身心像快爆掉的汽球，謝謝老師的建議，我真的把和身體有關的壞習慣徹底改掉，現在，和老婆的關係好多了，主管給的工作任務也難不倒我，尤其能一覺到天亮，讓我感恩得不得了。」

堅定原則
做對選擇比努力更重要。
注重生理壓力的調適，會帶動心理壓力的減緩。

生理壓力的十句警訊（當周邊家人、同事、好友如是說，就不要再否認，需要儘快注意了。）

(1)你氣色看來不太好耶？
(2)你有心事嗎？
(3)你看起來很累？
(4)你好像吃很少？
(5)你不覺得吃過量了嗎？

⑹你不是剛睡醒，怎麼又想睡了？
⑺你不要整天坐在電腦前，該出去走走啦！
⑻走啦，同事慶生，你幹嘛不來？
⑼你怎麼總是拖拖拉拉？
⑽你早該找醫生檢查了。

神奇的兩個步驟，讓你一夜好眠

「第一隻綿羊跳過去，第二隻綿羊跳過去、第三隻綿羊跳過去……第兩百零一隻綿羊跳過去……」

我的腦海中一直有綿羊從柵欄跳過去的畫面，可是睡不著就是睡不著，都已經幾百隻了還睡不著，這時，我往往從棉被裡跳出來，然後就是煩燥和憤怒。

我氣惱夜深人靜了，大家都放鬆地好好睡覺，怎麼只有我還思緒紛擾、心情受挫。

我這種失眠的經驗相信大家都有過，後來我是怎麼調整回來的呢？

我的兩個步驟：

(1)首先我確認自己是「偶發性失眠」，並非「習慣性失眠」，我透過健康檢查，找到的主要原因是「飲食不均衡、運動量不足，所造成的自律神經失調。」

(2)我曾經以睡前一杯紅酒，或服用安眠藥助眠，結果這兩項對我不適合。

紅酒讓我帶著紅撲撲的臉上床睡覺，這時血液加速、心情焦慮，不知道何時可以睡著。

安眠藥有時小半顆，似乎沒有藥效，等很久才睡著；若正常藥量，是可以快速睡著，可是隔天醒來，腦袋昏昏沈沈，整天不好受。

爲了讓自己維持良好的工作績效，也爲了遠離失眠的折磨，於是痛定思痛，我告訴自己，一定要徹底改變我的生活型態，我採用的是八十分策略。

偶發性失眠	因為臨時的壓力出現而睡不好，可以透過自我調適趕快調回來。
習慣性失眠	因為多年的調適不良，需要安眠藥物，並尋求專業醫生治療。

八十分策略

⑴自我要求減去百分之二十

⑵工作量減去百分之二十

各位可以試試看，當我把自己拉回到八十分策略時，心情放鬆多了，休息的時間變多，家人關係變更好，工作績效反而增加，而睡眠品質也就改善了。

好吧！

來確認自己是否有失眠症吧！

如果有，就要儘快調整哦！

睡眠品質自我評估表

我有失眠症嗎？（勞委會勞工紓壓健康網提供）

請根據過去一個月的睡眠狀況勾選最適當的描述：

評估項目	從未	很少	偶爾	經常	總是
我有入睡困難的情形					
我需要超過一個小時以上才能睡著					
我夜間會醒來三次以上					
我醒來，常要花很長的時間才能再度入睡					
我早上太早醒來					
我擔心不能睡好					
我會喝酒幫助入眠					
我躺在床上時，腿部會有不安寧或抽動的感覺					
我早上會起不來					
我醒來時仍然感覺疲倦					

我的睡眠無法讓我感到精神飽滿甦活					
雖然我躺床的時間夠長，卻未得到足夠需要的睡眠					
我的睡眠讓我在白天仍覺得疲乏					

（本調查表係依據「世界衛生組織」的「睡眠與健康全球專案計畫」所建議之「失眠症自我評估表」）

如果你在上述問題的答案中有兩個或兩個以上的答案是「經常如此」或「總是如此」的話，則你可能需要與醫師或心理師徵詢專業的評估。

安枕無憂的十大撇步

目前爲了和「失眠」說再見，我已從自身多年經驗找到如下十大撇步並且認眞執行，果然逐漸享受一覺到天亮的美好感覺。

主題	睡前確認	是	否
人際	①睡前和家人有良好互動、分享和互道晚安。		
飲食	②睡前一小時絕不暴飲暴食，若有飢餓感，不妨喝一杯溫牛奶，佐以二至三片蘇打餅乾。		
衣物	③睡衣是寬鬆舒適的綿質內衣褲。		
空間	④臥室內物品歸納整齊，空間舒暢，空氣流通。		
運動	⑤睡前兩小時內，絕不做劇烈運動，但可以輕鬆散步、泡澡或雙腿泡熱水。		
閱讀	⑥睡前可翻閱內容輕鬆小品書籍或電子書，切忌閱讀容易入迷的小說，或需要嚴肅思考的大部著作。		
娛樂	⑦避免到夜店流連，徹夜飲酒作樂，嘻哈到天亮。		
電視	⑧睡前兩小時避免看刺激性動作影片，或激烈爭論的談話性節目。		
記錄	⑨若有掛在心上的事，不妨在筆記本上列上一、二，並告訴自己「一切明天再說」。		
祝福	⑩睡前對自己說祝福的話，感謝自己享受美好的一天，相信明天也將是豐富有趣的一天。		

神奇的兩個步驟，讓我好眠

多年和睡眠學經驗的過程，終於讓我弄清楚一件事，原來很多睡眠品質不好的人，關鍵都在於躺在床上時，腦袋的負面思緒就一個個跑出來了，例如：

- 糟了，今晚我準定睡不好！
- 奇怪，為什麼一直沒辦法睡著？
- 都是你們吵得我沒辦法睡。
- 唉！我就是睡不著。

各位除了從以上十大撇步去改善，或尋求專業醫師的治療之外，還可以透過如下的兩個技巧改善睡眠。

⑴ 自我放鬆技巧

當我工作到太晚才回家時，常會人躺在床上，但思緒仍紛飛，此時我會透過深層呼吸的方法，讓自己的身體沈澱下來。

同時，心中默默唸著：

「頭頂的部份放輕鬆了，頭顱裡面放輕鬆了，耳朵放輕鬆了，額頭放輕鬆了，眉毛放輕鬆了，眼球放輕鬆了，鼻子放輕鬆了，臉頰放輕鬆了，嘴巴放輕鬆了，牙齒放輕鬆了，下巴放輕鬆了，脖子放輕鬆了，肩膀放輕鬆了……」

就是這樣定下心，從頭到腳，一個部位一個部位默唸下去。

很神奇地，通常我心中默唸到頸肩就睡著了，隔天早上醒來問自己：「昨天晚上我唸到哪裡就睡著了呢？」

回想一下，就想起了是在「頸肩」部位進入了夢鄉。

當然每個人的感覺和需求是不太一樣，但是這樣用慢速度，心中默默地往下唸，不知不覺也讓自己放輕鬆了，而專注力也從「擔心睡不著」轉向「我可以讓身心更放鬆」了。

(2)「我喜歡我自己」技巧

這真是很神奇的一句話，記得當初我開始學習唸這句話時，心裡其實一點也不喜歡自己，總覺得自己還有很多不盡如意的地方。

所以，往往口中一邊唸「我喜歡我自己」，還隨著業務團隊越唸越大聲之際，我心中跳出的句子都是「我根本不喜歡我自己」、「我討厭我自己」。

如今，多年來的成長，從矛盾走向和諧，從厭惡自己走向喜歡自己，唸這句話時再也沒有心中的抵觸和排斥。

各位可以試試看，在躺到床上時，發現自己心神未定，也可以在室內僅留一點燈光的放心感覺中，心中默唸：「我喜歡我自己、我喜歡我自己、我喜歡我自己、我喜歡我自己、我喜歡我自己……」

能默唸多久就默唸多久吧！

往往在隔天醒來時會發現自己——哇！昨天晚上眞的在「我喜歡我自己」的自我暗示、自我祝福中睡著了。

曾經有位多年爲失眠所苦的職業婦女，她每天在家庭和工作中打轉，早已經忘了什麼叫做「一覺到天亮」的感覺。直到進入我的課室，學到這個簡單的技巧，她開心地和我以及所有學員分享，她說：「我就專心地、默默地唸——我喜歡我自己，眞的很放鬆就睡著了。」

看到她睡飽飽紅潤的臉龐，眞替她高興，也很欣喜自己曾經在失眠的經驗中，不經意「苦中作樂」找到這句話來自我調適，竟然也可以幫助到學員，這是多麼棒的一件事啊！

當然，這種話語也有人用其他字句來自我放鬆，例如：「一、二、三、四、五、六、七、八、九、十」，或「感謝老天爺讓我睡飽飽」，或「開心地睡、放鬆地睡」，任何簡單、重覆的字句皆可，只要是正面的、平靜的，皆可。

祝您好眠哦！

全腦平衡，降低壓力

你清楚自己是右腦發達者？還是左腦發達者嗎？

你知道右腦發達者和左腦發達者在處理壓力時又有不同的方式嗎？

再者，若要減緩壓力所造成的困擾，其實右腦發達者需要向左腦發達者學習「堅定度」這項優點；左腦發達者也需要向右腦發達者學習「柔軟度」這項優點。

這其中，又可以如何交叉學習呢？

以我和妹妹為例，在同一個家庭裡成長，同樣的父母養育模式，我們面對壓力時處理的模式卻不太一樣。

雖然我們姊妹倆並沒有透過醫學儀器來檢測腦部結構，然而從左腦／右腦不同的表現特質，果然區分了我和她不一樣的壓力處理模式。（根據美國心理生物學家 Roger Wolcott Sperry 博士曾做割裂腦試驗，提出「左右腦分工理論」，榮獲一九八一年「諾貝爾生理學或醫學獎」。）

右腦發達者	左腦發達者
(1)感受性強	(1)理性思考強
(2)富創造力、想像力、直覺力等	(2)富邏輯力、分析力、判斷力等
(3)擅長文學、音樂、藝術、電影等	(3)擅長機械、電腦科技、精算等
(4)語言表達婉轉、是個好聽眾	(4)語言表達直接，容易得罪人
(5)行事風格和緩而浪漫	(5)行事風格直接而果斷

我們姊妹感情非常好，常常無話不談，多年來相互扶持的過程，也讓我觀察到左腦發達的妹妹和右腦發達的我在面對壓力時的調適方式就是不一樣。

首先，我是怎麼確定雙方不一樣的腦力呢？

以小時候作文題目「上學途中」來比喻吧！

妹妹通常是寫著：「早上起床、刷牙洗臉、吃過早餐，路上很多人，啊！到學校了。」（語詞直述而多精確性）

我則寫著：「窗外鳥兒吱吱叫的聲音把我吵醒，陽光從窗簾透進來，哇——美好的一天就這樣開始嘍！」（語彙變化而多想像力）

接著，以我們日常喜歡閱讀的書籍來觀察吧！

左腦發達的妹妹總是閱讀財經、商業相關的書報雜誌。

右腦發達的我則是喜歡閱讀和「人的感覺」相關的書籍，例如：心理學、靈性探索、兩性情感之類。

再說到看電影選片來做比較。

左腦發達的妹妹絕不看哭哭啼啼的愛情心理劇，她最愛看打打殺殺的冒險動作片。

右腦發達的我最愛看探索人性微妙觸動的心理劇。

有一回，我們倆決定各選一部電影，互相陪伴。

結果妹妹選的是一部血腥砍殺的鬼怪電影，全片將近兩個小時，一路看下來，我是雙手遮臉根本看不下去。妹妹卻大呼過癮，還一直把我的手往下拉，要我「正視」人性也有醜陋殘酷的一面。

接下來看我的選片「真愛未了情」時，我是看得感動不已，熱淚盈眶，妹妹卻直呼「看不下去啦！」根據她的說法：「要，就結婚吧！不要，就趕快走，幹嘛一直拖拖拉拉。」

有了這回經驗，我們就不再選擇一起看電影，但是可以選擇一起吃飯聊天，聊工作、聊人生際遇、聊家人……

根據研究腦力傾向的資料顯示，左腦發達者從事的行業以如下行業居多：科學家、精算師、會計師、醫師、律師、工程師、股票經紀人、財務主管、技術人員……

右腦發達者從事的行業以如下的行業居多：演員、歌手、作家、作曲家、社會工作者、諮詢師、藝術家、銷售業務員……

左腦發達者↓遇到壓力↓自行處理
（冷靜思考，或抽煙、飆車、喝酒……）

右腦發達者↓遇到壓力↓向外求助
（煩惱掙扎，或哭泣、找人傾訴……）

左腦發達的妹妹目前是事業成功的企業家，多年來的觀察，她在碰到挑戰時，通常是尋求專業團隊評估，再做果斷的處理。壓力來的時候，她就是暫離壓力源，立刻開著車往中南部找親友玩。或是機票一訂，立刻飛往海外渡假，通常三、五天後，她便神清氣爽地回到崗位上，身心調整好了，問題也解決得差不多。

右腦發達的我，則通常是在「問題的原點」猶豫不決，不知所措，但是我會尋求協助，從書籍、從工作、從專業人士去尋找成長的動力和改變的契機。

每個人處理壓力的風格都不同，多少會受到個人性格氣質、人生經驗和腦部結構的影響，不過儘管先天基因有將近百分之三十的影響，若能透過後天約百分之七十從

「環境中學習改善」也不錯。

全腦時代來臨了！

左腦／右腦平衡發達才是上策。

美國腦力專家奈德．赫爾曼博士（Ned Herrmann）在七〇年代時，對自己集音樂家、藝術家、科學家的多元發展感到好奇，開始了大腦思維偏好的研究，並推展全腦開發的理論。

廿一世紀可以說是「腦科學時代」，許多國家紛紛投入腦力的研究，並肯定左腦、右腦各司其職，同時相輔相成的重要性。

也就是說，不論左腦發達者或右腦發達者，最好透過後天的專業評估或自我了解，找到讓自己左腦、右腦同時平衡發展的可能性。畢竟既要事業成功又希望家庭幸福，「全腦開發」是個優勢的選擇。

這也是爲什麼多年來，我努力向妹妹學習的緣故，我學到了左腦發達者的特質「堅定度」，妹妹也學到了我右腦發達者的「柔軟度」。我們企圖依靠後天環境接觸的影響，讓自己走向「做事堅定，但做人柔軟」的全腦平衡發展。

例如，我學到當有工作上挫折事項時，不再退縮自責，而是用妹妹堅定、果決的方式告訴自己：「會後悔的事我絕不做，萬一做了也不要後悔，但是要問自己，下一次該怎麼做會更好？」後來果然在一次又一次學習「堅定度」的過程中，讓自己做到可以「重新修正，再試一次」而克服困難。

妹妹呢？她則在人生奮鬥成功的過程中，學會善體人意、眞心關懷員工和客戶。在表達上再也少有「直話直說，傷透人心」的情形，當我看到她的「柔軟度」一直出現，也放鬆不少，眞是爲她高興！

壓力放鬆八大步驟

有時候，我們在辦公室講了好多電話，連絡了很多事宜，等到下班時，一下子癱在椅子上，不知道自己要去哪裡？要回家，外面正在塞車，去吃晚餐，嫌太早；去運動，又有點不帶勁；這時候，要做些什麼事才好呢？

就當我們鬆懈下來時，才發現怎麼手臂發麻，肩膀發酸，肚子也有點怪怪的。這種生理上的不適還不打緊，最嚴重的是，情緒彷彿有點沈沈的，壓力似乎有點重重的，有時候，我們似乎也摸不清究竟是情緒影響了壓力的出現？還是因爲有壓力而影響了情緒？

現代人講求效率，上班族更是練就了說話快、動作快、決定快的習性，然而這樣的生活方式不知不覺正在影響身體的感覺。因爲只用「大腦」過日子的方式，往往忽略了身、心、靈的和諧與否。

身	指身體、生理、器官、細胞等部份
心	指內在的、心理的、感覺上的
靈	指靈性的、更高境界的、悟性的

身、心、靈若能逐步和諧、平衡、一致，一個人的情緒就能穩定，工作動力會增強，也能隨時感覺到勝任愉快。

壓力大啊！

有一天，我正在回家的路上，正巧眼角瞥見一位走路很快的ＯＬ靠過來。

「吳老師，妳好！我聽過妳演說，上次……」她興奮地、快速地訴說，我也很開心有粉絲出現。

聊著、聊著，我問起她剛才去了哪裡？

「我去喝了杯精力湯，現在要趕快回公司上班，妳知道嗎？最近公司安排的健檢，我居然舒張壓偏高……」

「拜託哦——妳還這麼年輕，又這麼——瘦。」我特地打量了她一下，身材瘦小苗條，怎麼可能血壓出狀況？

「唉！壓力大啊！」她有點無奈地回應，同時腳步又加快了，我瞧一眼手錶，快中午一點半，原來她是急著回公司上班。

我也一樣性急

「慢慢來，還來得及啊！」我好意地勸她，其實我的腳步不知不覺中也是加快了，因爲接下來有電視通告，我不能遲到啊！

現代人的生活眞的是又緊湊又緊張。

我曾經站在紐約、芝加哥、東京、上海……的街頭，那種高樓聳天，車水馬龍、人來人往，摩肩擦踵的感覺，令人爲之呼吸急促。

別忘了，還有台北市也一樣。

有一回我到高雄旗山演說——咦？這裡人的步調怎麼這麼慢？四周是藍天綠野、街道寬大，人們相處也是輕鬆嘻笑……等我準備回到台北住家，哇！又是車、又是人、又是帳單、又是電話……壓力又來了。

我下定決心放慢腳步，因爲生命此刻最重要的「一」是——我要好好照顧自己，好好愛自己！

一般，我會採取如下的八項具體步驟來減壓。

壓力放鬆八大步驟

⑴認知上

從個人的內在思維去抽絲剝繭，找出必須改變的想法，好讓自己豁然開朗。

我研究自己「性急」的原因？是心理上？是生理上？是家族的遺傳？還是後天學習造成的？

我終於找到答案——我的身邊並沒有「壓力人物」，沒有人催促我要快一點，也沒有人規定我要怎麼做，原來我是自己的「壓力人物」。我會急著把事情完成，我規定自己早上十一點前，該連繫的事項都要解決，以致於在分秒必爭的動作下，時間像打陀螺般地轉個不停了。

「沒什麼大不了的事！」這是我最近的口頭禪，我就用這句話，把輕重緩急的事項，從三小時的期限，改爲六小時，或改爲一天。眞的，沒什麼大不了的事，太陽仍在那裡，地球也仍在繞著轉……

⑵運動上

「運動」並非到運動場上跑跑跳跳才叫做運動，當坐在車上、躺在床上、走在路上或坐在辦公室的椅子上……都可以透過一些伸展活動或按摩方式，讓身體得到活絡筋脈、血液流通的運動。

有一回，一位經絡按摩師告訴我：「小腿是人類的第二個心臟！妳要多走路！」哇！像當頭棒喝！我在刹那之間清醒了。

過去爲了趕演說、趕看電影、趕赴約會……計程車一揮，就鑽進舒適涼快的車廂內，殊不知，小腿瘦軟、肌肉鬆弛……身體的機能正在享受中而退化了。

當時我請這位老師讓我摸她的手臂肌肉，哇！這麼結實有力，當下自認慚愧。

隔天開始，我眞的開始認眞走路，走到公車站牌、走到游泳地、走到超市、走到美容院……走到滿身大汗、走到有點氣喘吁吁……

走到讓心臟又活力有勁了。

(3)腳步上

我們每天不知道走了多少路，「腳」一直是我們最要好的朋友之一；用腳走路的過程，如果能把心思放到腳步挪動的感覺，我們將可發現——腳也是有話要對我們說的哩！

走路抬頭挺胸，自然是看來有精神，然而速度過快，有時會帶給同仁壓力，尤其有時候你準備溝通的對象，可能連頭都還沒抬起來，我們已經快步走到他身邊，而且開始說話了。

「放輕鬆！放輕鬆！」我們不妨偶爾一邊走路，一邊去感覺自己走路從容、動作柔軟、肌肉舒適的和諧感。

⑷咀嚼上

相信你聽過醫學研究報導，顯示一個人飲食習慣若能在飯菜蔬果類咀嚼三十多下，在肉食類咀嚼七十多下，將有助腸胃吸收，以及分泌出健康酵素。

吃東西是一種享受，也是感恩的過程，感謝手上的食物正在創造我們豐富的生命。最好我們每天至少有一、兩次，閉著眼睛三、五分鐘，去體會食物進入口中的滋味，去咀嚼、去分辨味道、滑動、吞嚥……像這樣有「吃」又有「到」，營養的吸收、健康的養護會更完整。

(5) 聆聽上

從小我們就習慣急著解釋、急著爭辯，以致來不及聽完對方說詞，大家就吵起來了。當事後懊惱自己的急躁，還不如事前學習「張開耳朵」，樂於關心聽取對方的話語。

有時候接電話，或當面交涉，不妨試著讓自己挪出心靈上的空間，只是靜心聆聽，這樣的耐心培養，一方面可以當作是「修身養性」的功課，一方面也訓練自己目中「有」人。

(6) 說話上

說了這麼多年的話，必然曾經因為說話不得體而產生誤會，造成了壓力。如何把語言變成「信任」的基礎，成為人際關係的橋樑，其實你是做得到的。

說話速度快的人有沒有發現自己的情緒蠻緊張，這其中有個因素是因為自己說話的聲音、語調、速度已經干擾到自己的情緒了。請試試看降低語調、放慢速度，你會發現自己臉部的肌肉柔軟起來了，甚至一邊說話，一邊面帶微笑了呢！

(7)呼吸上

「呼吸」讓我們有活著的感覺，很多人在練習「深呼吸」的學習後，找到瞬間放鬆的竅門。

各位不妨實驗一下，揑緊自己的鼻子，去感覺一下失去空氣的感覺，然後再閉上眼，讓自己細細品味空氣的甜美滋味，慢慢地吸氣，慢慢地吐氣，在這樣深度的呼吸過程，不但情緒容易穩定，我們也更能享受「活著」是多麼令人感謝的一件事。

(8)微笑上

微笑，讓人生充滿了希望。
微笑，讓人際關係找到轉寰的機會。

當臉部肌肉往上提升的時候，壓力逐步被驅走，擔憂逐步被稀釋，「來！笑一個」，當事情有點複雜的時候，當時限緊追而來的時候，笑一笑，很奇妙地，身心自然而然也放鬆了。

整個宇宙的運轉，大自然的輪替，一向是「慢慢來」，生活在其中的我們，不妨也學習身、心、靈更能融洽相處的方法，好讓自己慢慢品味人生。

專業進修，打造職場即戰力

志軒是一家國際貿易公司的業務員，他對未來前途有著莫名奇妙的擔心，他問：「最近聽說了M型社會來臨的說法，我心裡很焦急，因爲我顯然是屬於在中間凹槽那塊——容易被淘汰的人。在目前工作單位裡，我並不是頂傑出的員工，雖然上次被資遣的名單中，我沒有被列入，但是若要說有升遷機會，也是遙遙無期，我很希望自己能有點突破，千萬不要被M型社會所淘汰，現在我應該如何做呢？」

其實，每位員工都是公司不可或缺的人手，從當初應徵進來，公司也有責任栽培每一位上班族成爲舉足輕重的員工，公司必須創造員工有積極參與的成就感。

但是，可能主管領導的風格比較封閉或強悍，使得志軒看不到自己的立足點。不過就算是這樣，在M型社會的說法下，志軒還是有機會創造自己的利基（被公司、被社會所需要的能力）。

M型社會的個人利基

「M型社會」談到未來職場發展，有兩個頂端的趨勢，一方是勞力者人才，一方是勞心者人才。以志軒是企業公司員工的身份而言，他是在「勞心者人才」的行列。

「勞心者人才」的競爭很劇烈，志軒必須有兩三把刷子才能脫穎而出。簡單地說，志軒如果能以「Coach」（教練）爲目標，他的機會就大多了。

Coach型員工（M型社會需要「教練型」員工）

對內↓和主管、同事是亦師亦友的關係↓提供專業而獨特的工作能力。

↓提供主流訊息。

對外↓可以統領同事上談判桌、開說明會、銜接公司和市場的需求等。

如果志軒的行動策略是朝向「Coach」來自我期許，他還需做到如下三個重點發展：

(1)擁有流暢的第二種語言能力：可能是英語，可能是日語，也可以是廣東話等，不要小看這些語言的學習，在國際化發展的世代裡，「語言能力」成了上班族可以迅速脫穎而出的祕密武器。

(2)擁有國際出差的便利性能力：只要平日培養良好的體能，有良好的睡眠習慣，同時行李箱隨時stand by，加上，志軒又喜歡和世界各地人才交流，那麼，公司下一個外派的人才非他莫屬。

(3)擁有不可或缺的獨特能力：例如，有的員工擅長規劃策略，有的員工擅長溝通，有的員工擅長開發。所以，我也詢問志軒，以他的個性、經驗和資歷，他有可能發展出什麼與眾不同的、對公司有益的能力？

結果，他說：「我的人際關係能力強，適合開發海外新市場。」

這就對了，只要志軒不放棄自己，行動策略的方向正確，他就不再是中間底層「可有可無的員工」了。

你是 untouchable 人才嗎？

力爭上游的上班族都明白，世界資訊瞬息萬變，科技產品日新月異，自己儘管在企業組織內還做不到呼風喚雨，至少不能進入企業汰舊換新的名單內。

這是爲什麼要成爲一位即戰力強的員工是多麼重要，而其中的專業進修就是生涯舖路的最佳祕密武器。

《世界是平的》一書曾提及廿一世紀職場上，untouchable（別人碰不得，是無可取代的）人才需要有如下四種條件之一：

特殊領域的人才	如：太空研究、深海探勘、電纜維修、爆破表演等方面。
專業人才	如：在科技業、機械業、服務業、教學界等有專精能力。
深耕人才	如：研究第一代、第二代……等科技產品，或農產品做跨種栽種等。
調適快速的人才	若非以上人才，至少做到在工作上擅長溝通、整合，帶動團隊共同成長的人才。

看到如上的需求，我們不免要驚覺自己的不足，以我自己為例，每天閱讀書籍至少三十分鐘，每週至少逛書店一次瀏覽最新書報雜誌，每天至少請教一個人（請問有關……，您是怎麼做到的？），每週從網站上截取最新資訊……長江後浪推前浪，我們雖不至於要每天膽顫心驚過日子，但至少心存警戒，注意社會的資訊正在如何變化中，時代的潮流正如何轉換中，這其中一定有蛛絲馬跡的軌道，上班族們，循著聲音、循著味道、循著感覺，直接上路吧！

急著遇見大師

有一回，我碰到一位積極優秀的上班族立傑，可是他滿心懊惱，他說：「我自認比同齡的玩伴更成熟，見識也比較廣。當他們廝混在追逐美女辣妹的時候，我已經讀完ＭＢＡ碩士；當他們奔波於各公司接受面試時，我已經當上連鎖企業的小主管。

我還是不滿足，總覺得身旁可以讓我學習的對象有限。當然，您可能會說——在這麼大的公司裡，應該有優秀傑出的主管或同事吧？

None！沒有半個！

不是我自視太高，也不是我口氣太大，主要是我看到的都是汲汲營營於功名利祿的人，不但講話低俗，人生觀也短淺近利，這點讓我工作起來頗爲失望，壓力也大。但不知道哪裡可以找到大師級的人？」

稍微轉一個角度

立傑很想知道我的看法。我發現立傑應該是那隻在蒼穹下不斷振翅高飛，卻又形單影隻的沙鷗吧！

我贊成他不斷往上提升自己，挑戰自己。

但是，我也建議他稍微轉一個角度，他就會看到身旁原來有許許多多「大師」呢！

所謂「大師」，就是指我們渴望相遇的「人生導師」，他們的言行舉止讓我們學到尊敬生命，他們的智慧成就讓我們看到人生方向。

跟著大師走，讓我們喜樂輕鬆多了，因爲這樣會讓我們縮短摸索的途徑，也讓我們快速激發內在的能量。根據《一分鐘億萬富翁》作者馬克・韓森和羅伯・艾倫提及：

「如果你想獲得重大成就，想要非常成功，你必須當大師的學徒。當學徒的時間通常是兩年以上。」

他們建議從三個方向去尋找人生導師：

⑴機緣式的導師

指的是若能敞開心胸、廣結善緣，那麼身旁無處不是「大師」。這意謂著每天從身旁路過的每個人、每件事、每本書、每種景象，每個遭遇……都可以是我們的人生導師。只要願意多看一眼、多問一句、多分享一點……我們的智慧就更加開竅了。

⑵實踐式的導師

他們眞的曾經給我們實務的教導，例如運動教練、成長班老師、家中長輩或人生知己等。他們會針對你的需求，提供一針見血的建議。

⑶英雄式的老師

從電視螢幕、報章雜誌、演說會場，或是從千古流傳的作品，追隨著他們的身影，絕不放棄觀察他們、學習他們。

他們不見得還活在人世間，他們也不見得和我們鼻息相近，但是他們的一句話、一個眼神、一次決定、一種努力，在在吸引了我們，鼓舞了我們。

所以我建議立傑，把視線放低一點點，他的身旁正有千千百百的大師在來來去去；不妨也把視線拉寬一點點，他渴望的大師正在移步而來了。

相信大家也聽過這句話：

「只要學生做好準備，老師就會出現。」

可見立傑的自我調適上，把「學生」的姿態擺好，Mentor就要出現了，他可以得到專業進修的機會也就越來越多了。

你的即戰力夠嗎？你夠謙虛做好專業進修嗎？

是□否□ ①當主管否決你的提案，你虛心受教，立即著手重新修正，並準備下一回再度提案。

是□否□ ②當客户臨時取消了你的訂單，並說了些難聽的話，你自有一套消除壓力的方法，並且從中找到關鍵因素，下次絕不再犯同樣的錯。

是□否□ ③當公司確定要派送你到外地長期出差，你不擔心家人的反應，因爲你早已模擬如此情境，讓家人有心理準備和生活準備。

是□否□ ④當市場的需求正在風起雲湧變化之際，你早已聽聞風聲，及早從進修管道得到新的實力、新的戰力。

是□否□

⑤當企業組織正在改組或併購過程中，你懂得靜觀其變，並看出自己在下一段生涯發展中的位置在哪裡，而且實力和心態都準備就緒了。

是　四至五個　即戰力特優，恭喜了！

是　二至三個　即戰力需加油，急起直追吧！

是　零至一個　即戰力太弱了，請徹底反省，並隨後就趕上！

第
5
章

重獲幸福情緒

☺ 做金錢的主人，不做金錢的奴隸

從小到大，從我們手中經過的錢財不知道有多少？當我們手頭充裕時，這些錢就像過路財神，一溜煙，轉身就不見「錢」影了。當我們緊急需要一筆錢時，叫天，天不應、叫地，地不靈時，心中對錢就充滿既懊惱又氣憤的感覺。

要說我們從來沒有和「錢」相關的壓力，那是騙人的，面對金錢，我們多少有過掙扎的經驗。爲什麼錢總是來來去去，無法留在身邊？爲什麼想要對錢自在一點、輕鬆一點，卻瀟灑不得？

以下所列十題和錢有關的題目，如果答案「是」越多，表示和「錢」有自由的關係，不會被錢所困。如果答案「否」越多，代表在財富管理這部份要急起直追了。

「金錢和你」

是□否□ ①你對賺得合理的報酬感到心安理得？

是□否□ ②突然獲得公司的賞金，你不會喜形於色？

是□否□ ③當朋友起鬨，你不會打腫臉充胖子，做出超額的支出？

是□否□ ④每個月的收入，你都做了分散風險的投資和儲蓄？

是□否□ ⑤當有人用三寸不爛之舌來勸你投資一項你完全不懂的行業，你絕不輕易動心？

是□否□ ⑥當有人開口借錢，若對方家境一時困頓，你會酌情接濟；若對方的動機不明，你則心意堅定，口氣婉轉的拒絕？

是□否□ ⑦你注意吸收學習理財的新資訊，卻不走火入魔？

是□否□ ⑧錢有處理不當的情況，下一回你立刻改進？

是□否□ ⑨你偶爾犒賞自己，而不會有內疚？

是□否□ ⑩家人若有財務上的無底洞，你會先衡量自己的能力，以優先照顧自己爲原則，再視狀況處理？

近些年，因爲不景氣加上疫情肆虐的關係，讀者、聽衆詢問的問題出現了不少與錢財有關的糾結，有的是丈夫做生意失敗而逃之夭夭，結果老婆被牽累；有的是把所有積蓄投入公司股份，結果一夕之間化爲烏有；有的是父母要求代償兄弟的債務；也有的因爲店家不堪客戶不上門而被裁員了。

以宗教面來思索，錢財是身外物，要能捨得；以現實面來考量，若沒有維持基本生活的金錢，也沒有保障未來的儲蓄，多少會讓人恐慌擔心。所以，學習調整出平衡的關係，才能和金錢做好朋友，也不至於一輩子成爲追逐錢財的奴隸。

絕不讓「錢瘟」惹上身

有一天我在演說現場引導聽衆們伸出雙手，大家作勢往上，然後向內揮動，同時歡呼：「財源滾滾來。」果然，大家互動得很開心，眞的全場揮舞著手兒。

那天演說會後，當尋求諮詢的聽衆逐漸散去，一位老伯伯靠到我身旁，他好意而且壓低聲音地說：「吳老師，以後不可以再說『財源滾滾來』哦！」

「啊！爲什麼？」我嚇了一跳！

老伯伯很認眞地說：「因爲『財源』和『裁員』的聲音完全一樣，深怕有些人不喜歡聽到。」

哦！我聽懂了，原來嘴巴明明說的是「財源滾滾來」，可是若有人聽成「裁員滾滾來」，那就變成了咒語啦！

好！當下我就改吧！

今後就改說：「財富滾滾來」、「Money滾滾來」嘍！

錢瘟當道，人人喊打！

自從有關「股票下跌」、「連動債不保」、「利率走零」、「房地產不景氣」等種種金融海嘯危機出現，造成了「錢瘟」當道，幾乎人人自危。

「錢瘟」還會一路蔓延，從紐約、從華爾街、從「歐債」，就這樣狂嘯而出，如今，波及到全世界各個企業、各個員工、各個家庭。接下來可能還有，一波又一波的「失業潮」，那種來勢洶洶的情勢，我們怎能不嚴陣以待呢？

一般而言，「失業」的「失」字，代表了「失去」、「失落」、「失勢」。彷彿「失婚族」的「失」字一樣，代表了「不夠完整」、「不夠圓滿」。

其實，這都是社會大眾的一個刻板印象，一般對「成功者」的定義都是來自外顯的表現，是否衣著光鮮、是否功成名就、是否收入居高，這在太平盛世、人各有志，還普遍看不出刻板印象的影響，如今，錢瘟當道，剎時之間，投資蒸發了，存款變少了，連工作也不保了，「失業一族」彷彿「失敗者」的代名詞。

一位在科技公司上班的ＯＬ來傾訴，她說：「那一天大家加班到深夜快十一點，心想和公司同甘共苦，加班費也不計較了，沒想到十二點前，我剛進家門，手機簡訊一響，我拿起來一看，差點沒昏倒，竟然是通知我明天不用去上班的字句。」

這位ＯＬ心想這應該不是四月一日愚人節的玩笑，應該也不是同事開的冷笑話。後來，接到好友同事來電，她也是「中獎者」之一，兩個人說著、說著，竟然一邊互相安慰、一邊哭起來了。

失業，不是世界末日

「失業」，並不代表「失敗」；「失業」只是暫時離開職場，「失業」時間的長短又和「個人的決心」成正比。我們絕對不可以讓「失業症候群」順著「錢瘟」的爪牙潛伏入身。

「失業症候群」者通常在不知不覺中掉入「錢瘟」的陷阱，結果讓「錢瘟」控制了身心而壓力重重。

你得了「失業症候群」嗎？

以下症狀由淺到深，大家謹慎預防為要。

是□否□ ①想到有些同事平日表現不如自己卻保住工作，愈想愈生氣。
是□否□ ②逢人抱怨不公平。（公司不公平、景氣不公平、主管不公平……）
是□否□ ③捏著手上的錢，想想又縮回去，你對花錢很猶豫。
是□否□ ④身邊親友關心地問起工作狀況，你恨不得有個地洞可以鑽。
是□否□ ⑤很想找一個地方逃得遠遠的，什麼人間事都不要管。
是□否□ ⑥有時用不停地上網、白天睡覺來忘卻失業的挫敗感。
是□否□ ⑦晚上無法立刻睡著，想到未來就壓力重重。
是□否□ ⑧和身邊的人容易起衝突，或整天悶悶不樂。
是□否□ ⑨動不動就掉眼淚哭泣，覺得自己被社會淘汰了。
是□否□ ⑩連著兩、三天無法入眠，身心極爲疲憊。

脫身之計、重整旗鼓

如何快速脫離「失業症候群」的魔掌？

首先，請務必做到如下三不。

⑴不看：不看失業家庭尋短的新聞報導，立刻「跳過去」或「轉台」，不看也罷。

⑵不聽：不聽友人談起某位舊識因失業而落魄的遭遇。因爲自己目前有壓力，立刻表達：「抱歉，我目前正在調整中，暫時不想聽這些訊息。」

⑶不做：不做失業白日夢。不再妄想財神爺會立刻跳上身。

財神爺通常還是眷顧腳踏實地的人，只要你下定決心，馬上行動，祂就跟過來了。重返職場有三個步驟來進行。

⑴下定決心

①決心給自己一個重新調整的機會。
②決心彈性規劃一個新的工作領域。
③決心找人創造各種「工作結盟」的可能性。

(2)找對方法	①每天規律地睡覺、起床，讓生活正常化。 ②每天鍛鍊身體，保持即戰力。 ③每天早晚對自己打氣：「絕不、絕不放棄。」
(3)馬上行動	①到就業服務站登記。 ②到徵人場所走動，如就業博覽會；或到就業網站逛一逛。 ③到夜市、鬧區、車站出口處，看看別人是如何絕地逢生地賺錢。

總之，不景氣是一下子，不管是一年、兩年，還是三年，它——「錢瘟」，不會留到一輩子。當個勇於走出失業困境的人，現在起打一通電話、走出家門、進到客戶群中……做自己人生的老闆，你會有得忙碌的咧！

運用策略，改變生命力量

不論在眞實的人生，還是在工作職場上，可以說「衝突」無所不在，有利益衝突，有價值觀衝突，有人際關係衝突，……

當衝突來臨時，通常你的行爲模式，是哪一種類型呢？

據理力爭的李副總

有一天，我在飯店 check out 之後，準備搭演講主辦人李副總的轎車到西安的機場。李副總是一位高䠷美女，談吐優雅，我們談得來，也互相欣賞。

之後十分鐘內發生的事，更讓我對李副總處理衝突的行爲模式刮目相看。

也就是當我們一起步出飯店時，發現她的轎車被一位胡亂停車的人給擋到了。這時，李副總立刻請飯店門房儘速處理，結果門房是個小弟，隨意打電話到樓上櫃台報告此事，也不給個確定的處理交待。

於是，李副總抓起電話直接打到總機：「哪有大飯店讓車子隨便停，你們耽誤了我朋友上飛機，你們是要負責幫她另外訂航班？還是要幫她叫輛計程車送到機場？還是……」

就在這樣精準的要求說出口之後，大飯店立刻派出兩位主管下樓，而且火速找到車子的主人，讓他們立刻開車走人。

沒想到，這時李副總竟然又追過去，對已關上門的幾個大男生大聲地說：「哪有這樣停車的方式，擋到別人也不道歉……」

等到我搭上李副總的車後，我們直往機場奔去。在車上，我們很自然地聊起「當衝突來臨時」的行為模式，李副總屬於「競爭型」，我則是「迎合型」，因為當下那個時刻，我曾經告訴李副總：「如果找不到車主人，我可以搭計程車自己到機場啊！」李副總則說：「妳等我處理一下，飛機時間還來得及的。」

處理衝突的五種類型

根據 Garth Gorgan 在《組織印象》書中，將處理衝突的行爲模式分爲五種，同時以「不確定的／確定的」、「不合作的／合作的」來釐清類型。

⑴**競爭型**：當衝突發生時，若不合理，立刻以「確定的」、「不合作的」方式來據理力爭。

⑵**合作型**：衝突發生時，願意以「確定的」、「合作的」方式，共同找到兩全其美的方法。

⑶**迴避型**：衝突發生時，態度是「不確定的」也「不合作」，是以退縮方式，靜觀事情變化。

⑷**迎合型**：衝突發生時，態度是「不確定的」，但是願意「合作」，也就是壓抑了個人想法，希望儘快息事寧人。

⑸**妥協型**：衝突發生時，在不知所措的情況下，害怕正面衝突，卻又不願輕意迴

避和迎合對方，於是找到一個中間點的位置，爲自己找到退路。

以上五種類型，你通常以哪一種方式表現自己呢？

李副總就是傾向「競爭型」，以「有理走遍走下」的方式爲自己爭取權益，事實證明她的處理方式是對的，飯店管理是服務業之一，豈可怠慢一個主顧的感覺，而任由其他客人的不當停車。

不過，我也提醒李副總：「以後妳若要追著那些彪形大漢去罵他們時，也要看狀況。」

此時，她已恢復溫柔婉約的笑容告訴我：「沒錯！我會看人，看狀況。」

從李副總身上，我除了見識到現代職場女性剛柔並濟的一面，我也問起自己：這麼多年來，我在個人生涯發展上，或是人際關係上，是不是太欠缺如同李副總據理力爭的模式，如果更多的競爭型模式，會讓我擁有另一番的人生風景嗎？又，我經常用「以退爲進」的模式來處理衝突，看似讓步，也看似害怕衝突，是否也需要修正這種

「迎合型」的模式?再更主動發聲,更積極協調?

原來如此的我

一向,我自認對自己有足夠的了解,有足夠的成長,可是在碰到人際相處的壓力,或工作上的挫折時,我不免要回頭從生命板塊再去尋找更深入的、更潛藏的答案。

最近我把個人的「心智關係」做了毫不迴避的面對(請參考「壓力原來『面對』就好了」一文,其中提到「心智關係」——脆弱?強壯?)我才正視了自己的人生盲點。

如果把人的「心智關係」和「生命力量」畫上等號來探討,其實,從小我是一個「脆弱」甚至可以說是「懦弱」的人,這個從我在處理衝突事件時,總是以「迎合型」出現可以看出端倪。

心智關係	指個人是否有足夠的、堅定的、智慧的、和諧的生命力量，去處理人生各種遭遇。
生命力量	指每個人從生命受胎的起源，到胎教過程，到出生後受到爸媽及原生家庭的影響，所形成的個人氣質，有人堅強、果敢；有人則是柔弱、無助。

有了足夠的「生命力量」，通常「心智關係」就會穩定而成熟，當碰到有壓力的事時，往往是採取「對抗」的心態而化危機爲轉機。

「心智關係」（生命力量）又可以分成四個象限來探討。

遇強則強 ⑴毫不退縮 ⑵據理力爭 ⑶優點：擇善固執 缺點：容易得罪人	**遇強則弱** ⑴缺乏自信 ⑵太快讓步 ⑶優點：表面和諧 缺點：自我壓抑

遇弱則強	(1)欺人太甚或過度熱心 (2)要求過高 (3)優點：助人成長 缺點：造成對方有壓力
遇弱則弱	(1)一起沈淪 (2)找不到方向提升 (3)優點：給人溫暖 缺點：成長有限

不知道各位讀者發現自己比較屬於哪一個象限？當然，有時候因人、因事、因地，每個人還會有不同行爲模式的呈現。

重要的是，當壓力出現時，如果能把自己的「心智關係」（生命力量）做一點修正，做一點補足，心裡的感覺會好多了，事情的發展也一定會改善多了。

以我自己爲例，我發現當年媽媽十八歲懷我的時候，她是一位懵懂的少女，她個人的脾氣、性格是屬於溫和的、膽小的、保守的。而做爲她的大女兒的我，在「胎兒情緒」的孕育、吸收，直到出生後的我一直是「遇強則弱」、「遇弱則弱」的混合型。

我多麼不喜歡自己是這樣的人，但是沒辦法，在當時尚未自我探索、自我成長的年紀裡，根本上，我就是一個愛哭、退縮、討厭自己的人。

例如：

- 在公司上班時，若遇到有同事向主管說我「背後話」，通常我就是躲著哭，暗中生悶氣，一廂情願自認「主管應該知道我是什麼樣的人」。
- 碰到有客戶在電話指責公司的服務不佳，通常我就是拚命賠不是，沒有做到「客戶是需要被教育」，而去做理性的、知性的引導。
- 如果主管對我有意見，通常我就是默默聆聽，拚命點頭，不敢回應。
- 碰到有同事來抱怨公司制度害他吃大虧，或是有小圈圈同事排擠他，通常我就是手足無措，陪著嘆氣或落淚。

類似這種「遇強則弱」和「遇弱則弱」的回應模式，往往讓我在夜深人靜的時候輾轉難眠，或淚沾睡枕。我多麼氣憤自己是一個沒聲音的影子，我非常懊惱自己跳不出命運的擺布。不過，幸好我是一個對生命充滿疑惑和好奇的人，我會回轉去看望過去的人生路，既然「凡走過必有痕跡」，那麼這些「痕跡」也應該有些「生命密碼」或「人生幸福」的種籽可以揀拾。

於是，在如此的信念下，我開始了新的人生冒險探索。

重建心智關係，勇往直前！

從「遇強則弱」、「遇弱則弱」邁向「遇強則強」、「遇弱則強」，我運用下列三個策略來改變自己的「心智關係」（生命力量）。

⑴堅定立場絕不退讓

我改掉過去「息事寧人」示弱、討好的習性，只要是對的立場、正確的決策，我抓穩底線，預留時間、空間讓對方重新審思，並請尊重我的想法。

⑵提高聲量

過去的我常低聲下氣、好言相勸，這樣的後果往往被對方吃定了。現在，我已練就一身功夫，必要的時候提高聲量（注意，不是責罵），然後簡短有力的回應，讓對方不要太超過了。

⑶沉默是力量

對於不尊重的言詞或態度出現時，過去我會千方百計急著說服對方理解，甚至請求諒解。如今我已明白「姑息養奸」我也有責任啊！因此，在不合理的要求出現時，我會突然踩煞車，不發一語，讓「沈默」來引導對方不要再咄咄逼人，更不要欺人太甚了。接著我再說：「你覺得這樣合適嗎？」最終，就會出現合理的協議與合理的尊重。

自從我調整了心態、改變了行事風格，很奇妙地，我的人生機會就越來越多，生命的感覺也越來越踏實、豐富而有趣，這條成長之路，你絕對不要錯過哦！我還在路上呢！一起來吧！

好習慣越多，生活越輕鬆愉快

快樂的人通常有一些快樂的好習慣。

這些快樂的好習慣又因爲不斷重覆地、簡單地做，因此形成了一個良性循環的快樂磁場，你說，一個人還有可能壓力重重嗎？

在探索「壓力源」的時候，除了「生理因素」和「心理因素」，另外，「環境因素」也是一個不可忽略的重要關鍵。

「環境因素」裡，例如：

・因主管嚴厲，經常口出惡言，辦公室氣氛一片低迷，在這樣的工作環境裡，員工戰戰兢兢，動輒得咎，再習慣快樂的人，也難以久待。

・住家環境陋巷簡居，雜物擠滿走道，人聲吵雜，陰雨天又水漬滿地……再習慣快樂的人住久了，也難免哀聲嘆氣。

・下班回到家，多麼渴望輕鬆地躺一下，或喝杯飲料、看個電視，但是，家人這時有人喊病痛，又有小娃娃需要照料，再習慣快樂的人，這時候也不免要抓狂。

一般，在演說會場裡，當我問到壓力測試題第十九題：「你看到災難新聞，往往情緒受影響的人，請舉手。」

嘿！還眞是不少人哩！

我很感激這些舉起手的人，因爲他們的誠實，讓我見識到周遭有些人不知不覺是容易受到「環境因素」所影響。

然而，要改變大環境既有的情形，並非短時間內一蹴可成，那麼，在這時候，照顧好自己的情緒，去除壓力重重的感覺，這可是當務之急！

通常我會分享如下一句話，讓大家儘速自我調整。

幸好我還活著，我還可以幫助更多的人。

這句話威力無窮，當看到媒體新聞上不幸的災難畫面，若說心情不受到一點波動，這是不可能的。

關鍵是——當恐懼的感覺、當悲嘆的感覺快爬出來的時候，立刻在「覺察」之下，把負面情緒的頻道快速轉到正面情緒的頻道。

只要口中這樣唸著，腦袋這樣想著，壓力的爪牙是爬不過來的。

另外，壓力測試第二十題的「當氣候陰雨潮濕，這會讓你的心情低落？」，往往在現場請教大家時，也是有不少人會舉起手來。

這是很奇妙的影響，也不過是陰雨綿綿，也不過是陽光炙熱，人就是容易低落或煩躁。這時我提供的一個「阿婆賣傘」的思維，讓大家一句一句跟著我唸，然後在說說笑笑中找到「活回到生命中心點」，不輕易被環境因素所影響的訣竅。

這個說法就是「下雨天，阿婆賣雨傘；大熱天，阿婆賣陽傘，不管什麼天，阿婆總是可以賣出傘。」

我和門的關係

多年來和自己相處的經驗，我發現有個有趣的環境因素會影響我，那就是住在飯店時和「門」的關係。

這話怎麼說呢？

由於我經常海內外巡迴演說，因此在旅途中勢必要住在飯店，以方便隔天走下一站。對一般人而言，住就住吧！這不是很舒適的感覺嗎？有乾淨整潔的房間，又有豐盛美味的餐點，還有親切有禮的服務……

可是早期在住宿的經驗裡，到了晚上，我往往和「門」有了過不去的感覺。睡前我會把椅子擋到門邊，甚至把小圓桌搬過去，也就是說，我對陌生環境，對一個人晚上要獨睡，有著非常大的不安全感。

各位不要笑我哦！

其實我從小是一個膽小的人，各位看我在舞台上飛奔的身影，談笑風生的模樣，還有提供強而有力的建議，這些都是後天培養出來的。

幸好，這種對環境有怯生的不良習慣，在旅遊的經驗多了，或是住到高檔的飯店了，或是倒頭就能睡了，漸漸地累增了對陌生環境的安全感，才逐漸相安無事。

好習慣養成的四大來源

要克服對環境因素的影響，這是可以透過許多好習慣來培養，而好習慣的出現又可以透過四大來源來建立。

(1)從小的好習慣可以是永遠的好習慣。

(2)別人的好習慣可以學習成爲自己的好習慣。

(3)創新的好習慣可以是自己的新好習慣。

(4)好習慣只要簡單的動作重覆地做，可以創造生命好能源。

以我自己成長的經驗而言，在如下兩個情況發生時，壓力指數會飆到最高。

(1)失眠

(2)勞累

這兩項是我的壓力地雷，千萬碰不得。

幸好，失眠因素在認眞調養後，透過均衡飲食、充份運動和學習放鬆的技巧，已經少有出現。

倒是「疲累」這項因素，這是我謹記在心，不停地自我提醒——要好好愛自己，所以很少如此情形，倒是……

二〇一一年十一月二十五日至二十九日，我接受星洲日報和大衆書局的邀請，到馬來西亞巡迴演說，行程裡有吉隆坡、檳城、馬六甲、新山、古晉五個站。跑到第三站時，當時是早上八點四十五從飯店到檳城機場，預備搭十一點零五分的飛機到吉隆坡機場，再從吉隆坡機場搭車到馬六甲入住飯店。

飛機正在天空飛往吉隆坡的行程中，我由於太早起床了，早已昏昏欲睡，又想到還要搭車兩個多小時才能到馬六甲的酒店，這時身心俱疲讓我感到非常大的壓力。

「我配得過幸福快樂的日子，我配得過幸福快樂的日子……」

就在我一遍又一遍在心中默唸的時候，又想到了幾個學來的好習慣，於是，就在飛機上展開快速的自我調適。

(1)深呼吸（很奇妙，幾個大呼吸下來，胸腔鼓出了滿滿的氧氣，感覺輕鬆多了。）

(2)靜心（我在深呼吸的調息之後，讓身心放下，同時用一種尊敬生命、感恩人生的心情「活到當下」。）

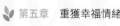

⑶**冥想**（腦海中出現了我在游泳池快樂游泳的畫面，雙手從胸前推展出去，兩腿輕輕一推，接著，頭抬出水面，深深吸一口氣，再放鬆潛入水中……）

很有趣哦！透過這樣三個步驟，全身細胞接收到新鮮的，健康的、放鬆的訊息，人的感覺整個得到釋放的調整。

另外，像我這樣四處演說的行程，有時候想找到一個運動場或公園來運動，還不是那麼容易，所以我已養成一個好習慣——「走到那裡，動到那裡」。

在月台候車的時候、在機場候機的時候、在行李旋轉檯等候行李箱的時候、在預定的地方等候主辦單位者的時候……

我的雙手就是自然地甩動，兩腿自動地抬高踏步，儘管難免引人側目，但是這又不犯法，也沒有侵犯別人的空間，只要好好照顧自己一下，又何樂不爲呢？有時候，因爲我的擺動，轉身……，也影響了附近幾個旅客，他們似乎受到好影響，也自然而然地揮揮手、踢踢腿，大家有福同享，這也是消除旅途疲勞的好習慣之一啊！

如下的好習慣，你有嗎？

(1)餐飯	是□ 三餐定食定量	是□ 有空才吃
(2)咀嚼	是□ 細嚼慢嚥	是□ 狼吞虎嚥
(3)喝水	是□ 小口小口慢慢地喝	是□ 大口灌飲
(4)咖啡	是□ 每天兩杯以下	是□ 每天兩杯以上
(5)如廁	是□ 每天至少一次排便	是□ 沒有規律習慣
(6)尿尿	是□ 注意一至兩小時尿尿	是□ 常忘了尿尿
(7)呼吸	是□ 隨時深呼吸	是□ 忘了深呼吸
(8)陽光	是□ 有在陽光下走動	是□ 很少曬太陽
(9)睡眠	是□ 每天至少睡足七至八小時	是□ 睡眠不足
(10)表情	是□ 笑臉迎人	是□ 面無表情

(11)道謝	是□ 誠心道謝	是□ 何必言謝
(12)閱讀	是□ 坐著閱讀	是□ 躺著閱讀
(13)車上	是□ 車上聽成長 podcast	是□ 車上隨便聽聽
(14)講座	是□ 喜歡聽講座	是□ 沒興趣出席講座
(15)假日	是□ 有安排休閒活動	是□ 大多在家休息
(16)花錢	是□ 有計劃地花用	是□ 隨性花費
(17)生病	是□ 找專科醫生治療	是□ 買成藥吃
(18)健檢	是□ 固定時間做健檢	是□ 沒有健檢習慣
(19)社交	是□ 喜歡參加親友邀約的聚會	是□ 勉強參加親友邀約
(20)樂趣	是□ 有兩至三樣生活樂趣	是□ 沒有生活樂趣
總結	這一排的「是」越多，代表你的生活好習慣越多，生活越輕鬆愉快，恭禧你！	這一排的「是」越多，代表你生活好習慣不夠多，別再放縱自己，該好好全面改善了！

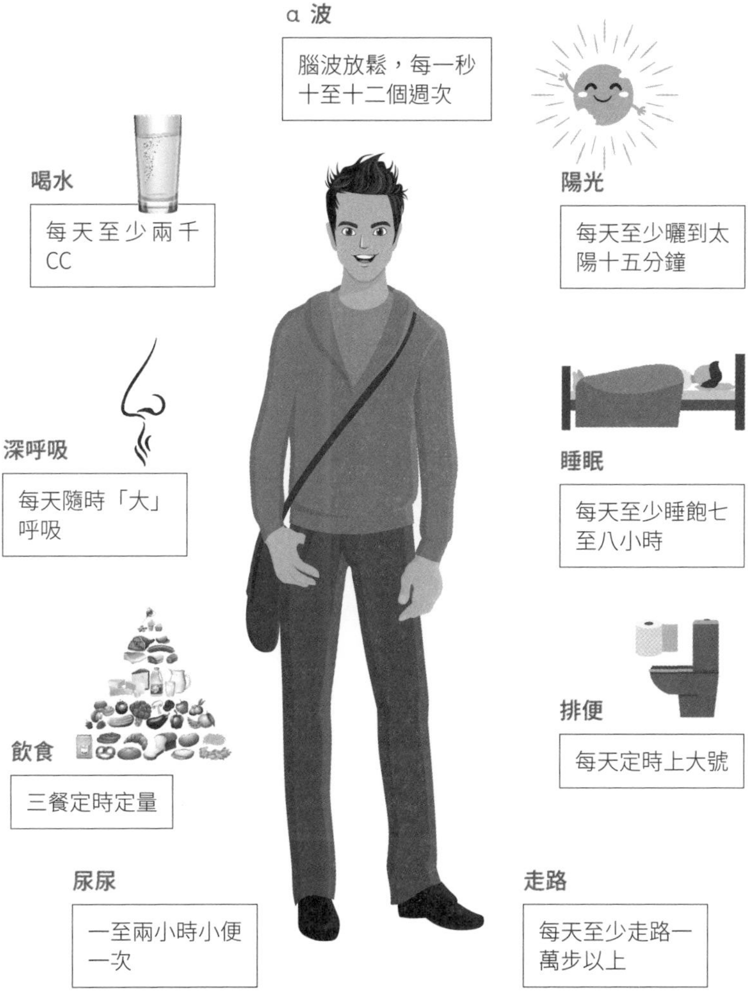
α 波
腦波放鬆，每一秒十至十二個週次
喝水
每天至少兩千CC
陽光
每天至少曬到太陽十五分鐘
深呼吸
每天隨時「大」呼吸
睡眠
每天至少睡飽七至八小時
排便
每天定時上大號
飲食
三餐定時定量
尿尿
一至兩小時小便一次
走路
每天至少走路一萬步以上

減壓排行榜

減壓行動	我的排行榜	你的排行榜	減壓行動	我的排行榜	你的排行榜
吃巧克力			洗澡		
做肌力運動	1		釣魚		
公園散步	7		聽演唱會		
看電影	2		野外活動		
找親友聊天聚餐	9		做SPA	4	
好好睡覺			美容按摩	3	
聽音樂			逛書店	6	
海外旅遊	8		上網哈拉		
寫札記	7		聽演講		
閱讀	5		跳街舞	10	
其他：深呼吸、喝精力湯					

化解九大「壓力源」

如果你看過三年前、五年前、十多年前的我，再看看現在的我，一定會訝異地問：「你眞的調整回來了嗎？」

沒錯，我調整回來了！

因爲過去的我，好像活在時間的齒鏈之間，轉個不停、動個不止，往往回到家，躺到床上，又累得闔不上眼，這——哪是我要的人生？

當我在「理想我」和「現實我」之間，努力想找出平衡點時，一句話終於讓我想通了，這句話就是——我配得過幸福快樂的日子！

也就是我一定要懂得面對壓力、解決壓力，才能好好照顧自己。於是，針對「壓力源九大因素」，我一一尋求破解的妙方。

人際關係因素

圍繞在我身旁的人際關係主要有夫妻、親子、婆媳、祖孫、兄弟姊妹、員工……，過去，我可能因爲太忙碌而疏忽了溝通，以致產生誤會和爭執。後來，我問自己「生命此刻最重要的一是什麼？」，答案很快跳出來——當然是和家人和樂相處，共同成長，否則，就算我賺到全世界的掌聲，但是回頭一望，若家人都不快樂，那對我又有什麼意義呢？

如今，和老公一起散步聊天；和兒孫聚餐談笑；找個老友一起看電影……生活是可以有更多的分享和放鬆了。

健康因素

過去可能覺得健康檢查太麻煩、也太貴了，但是「預防勝於治療」，所以我改變想法了，如果能撥出收入的一部份好好愛自己、愛家人，這樣就能把身體健康抓得準、抓得牢，而不用提心吊膽，這樣不是賺到更多了嗎？

而且，每週至少五次到健身房做肌力訓練，又跑步、又游泳，難怪不少朋友看到我，都要驚呼：「你怎麼越看越年輕！」說穿了，是體內血清素活絡上升，讓體能也更好了。

飲食因素

幾年前，我曾經因爲動作太急而暈眩，也曾經在路上想進入便利商店，卻舉步維艱……不會吧？我才幾歲呀？

健檢之後，才發現我的體內欠缺三種營養素。一、維他命Ｂ群，二、十字花科類食物，三、堅果類。

目前，我每天吃十穀米（多放一些糙米）飯；每周至少吃三次大白菜、小松菜；每天五、六顆堅果類，如：杏仁果、核桃、腰果等。

不再暈眩，也沒有舉步維艱，原來每個人體內欠缺不一樣的營養素，唯有吃對食物，才會健康快樂，遠離壓力。

睡眠因素

我曾經因爲營養失衡、運動不足，工作過勞而自律神經失調，那時最直接的反應就在「睡眠」上，睡不著的感覺眞是太恐怖了。有時，吞了顆安眠藥，數了數百隻羊，仍然兩眼睜得大大的。

痛定思痛後，開始飲食均衡、運動充足，還有隨時休息，睡眠再也不是困難的事。原來每個人的身體都有自我療癒的能力，多一點疼惜和照顧，他（指你的身體）自然跟你做好朋友，永遠不會背棄你。

時間因素

平日我已學會「20／80定律」和「時間管理ABCDE定律」，每天絕不超時超能地工作，只要拿捏什麼是A（緊急又重要的事）、B（緊急卻不重要的事）、C（重要卻不緊急的事），那麼一天百分之二十重點的事都抓對了，自然就有百分之八十的工作成就感。

至於D（可以交辦給別人做的事）和E（忘了也沒關係的事），那就放手吧！適度的鬆開手，才能讓別人也有成長的機會。

事務因素

我跟多數上班族一樣，很害怕事情做一半，突發狀況來了。也不喜歡做一些瑣瑣碎碎的事，爲了消除這種事務因素，最好的方法就是「做！做！做！」，責無旁貸地做，勇往直前地做。

當快速完成任務，那種輕鬆無比的感覺勝過一邊做、一邊抱怨，又拖拖拉拉、沒完沒了的感覺。

財務因素

過去我對錢財有太多不正確的感覺和看法，以致錢來錢去，總是留不住。如今，我已經找到對錢要珍惜和保護的具體做法。

錢財對我而言，已是貼身的好朋友，每天謝謝它，每天留住它，如果它向外跑出去，也不再像過去的漫不經心，不以為意；當它必要離去時，感恩它，祝福它；當它回來的時候，也是張臂歡迎，彼此難分難捨。

所以，目前我是採取「賺錢－存錢＝花錢」的財務公式，不再是「賺錢－花錢＝存錢」的模式，前一項公式，對我們上班族還滿管用的呢！

職場是現實的，失去能力，就失去舞台；失去收入，壓力會變大，所以我謹記文學家馬克吐溫曾經說過的一句話：「當全世界的人都在挖金礦時，我們最應該做的事，是去賣鏟子。」

鏟子？

不可或缺的工具？

那——

什麼是我們上班族生命中的鏟子？

沒錯，就是我們的身心健康，我們的熱忱態度，我們的專業學習、我們的廣結善緣……

上班族的我們爲了增強實力、減輕壓力，別無他法，就是願意進修再進修、成長再成長。至今，我仍日日閱讀、天天學習、時時請教……

塞車、噪音、廢氣……

電視上的災難新聞、觸目驚心的車禍現場……

我們實在無法立刻改變周遭所有發生的一切，但，至少我們可以改變自己內在的心境和感受。

「太棒了，別人沒有碰到，我居然碰到了，我又有成長空間了。」

「我先把自己照顧好，就有能力照顧別人。」

做環境的主人、做感覺的主人、做消除壓力的主人，其實，我們眞的可以讓自己活得更自在、更輕鬆。

祝福你，我們有志一同來做個「減壓高手」吧！

找回幸福的感覺

幸福是什麼？

長久以來，我們對「幸福」兩個字感到很陌生。有時參加同事的婚禮，你看到了一些幸福的畫面，現場是郎才女貌、闔家歡樂。可是曾幾何時，你聽說他們鬧劈腿、吵離婚；你不禁懷疑自己的眼光，難道一切都是假相？還是世事難料？

有時你看到主管兢兢業業，領導大家鎮守崗位，並且熱情激勵：「創造高業績、勇闖難關！」沒想到過不久，他卻是第一位跳槽到另一家大公司的人。你不禁好奇當時的拍肩擁抱和高聲吶喊，難道這一切只是作戲？還是主管也有難言之隱？

其實，你曾經是充滿新鮮感進到企業組織的新人，看到主管賞識的眼神，看到同事激昂的鬥志，也看到自己美好的前程遠景。然而曾幾何時，在加班的輪替中，在制度的變革中，在國際經濟的潮流中，那種開心的感覺、衝刺的感覺、幸福的感覺竟一點一滴在消逝中。

壓力有多大，幸福就有多遙遠

壓力是一種無形的殺手。

它騎在「追逐功名利祿」的背上悄悄地靠到我們的身邊。有時候，它則像是矇著面紗的妙齡女郎，你無法不對她好奇，你難以抗拒她的招手，可是等到你一靠近，面紗揭開的那一剎那，你才發現自己錯得離譜，原來妙齡女郎竟是帶著假面具的惡魔。

如何脫離壓力的魔手？

如何找回幸福的道路？

這些日子來，我在不斷自我思索的過程中，也關注周遭一些親朋好友對「幸福」的感覺。

我請教他們：「對你而言，什麼是幸福？」

我的老公Show，他是一位古典文學的校注專家，他說：「幸福就是做自己想做而且有意義的事，例如：我以注書爲樂。」

大兒子Bridge，他目前是一家報社的小主管，經常海內外採訪報導，他說：「幸福就是自由自在，做自己想做的事，例如：看電影就看電影，想旅行就旅行。」

二兒子Arthur，目前是跟著我海內外巡迴演說的助理講師，他說：「幸福就是完成份內的事，然後找個安靜的角落坐下，讓心情沉澱。」

伯成，一位科技公司的電腦工程師，他說：「幸福就是終於可以下班的那一剎那，我拿起背包，按下電梯按鈕，準備下樓回家了。」

慧敏，一位公關公司的業務，她說：「幸福就是週末的晚餐，終於可以帶著老爸老媽到一家優雅的餐廳，大家好好地吃一頓飯。」

育勤，一位網路達人，他說：「幸福就是看到網購的人在我的網路商場留言並且按『正評』。」

那，我呢？

對我而言，什麼是幸福呢？

歸納旁人的「幸福」定義，再探究自己對「幸福」的看法，我發現大家對「幸福」的定義都是比較切身的、立即的感受。

於是我很好奇古今中外的名人，他們對幸福又有不同的詮釋嗎？

結果，好消息來了！

我看到了文學家愛默生說：「幸福就像一瓶香水，灑在別人身上，它也會有幾滴灑在自己身上。」這是多麼貼切的形容啊！原來幸福的味道是芬芳襲人，當一個人努力去造福別人時，自然也有些回饋會迴向給自己。

科學家牛頓則說：「先有幸福的想法，才會有幸福的生活。」原來幸福並非天上掉下來，幸福是來自心中有憧憬、有藍圖，知道往哪個方向去的目標，接著在一一實現的過程中，就能享有心想事成、美夢成眞的幸福感。

作家山繆爾強森則說到更接近上班族的心坎裡，他說：「生命最幸福的時刻是克服棘手的困難，一步一步而成功的完成新目標，一個奮力上進的人會感到疲憊，初期會受到希望的支持，最後會得到幸福的報償。」

身陷職場各項挑戰的上班族只要能有達成任務的成就感，又得到苦盡甘來的感覺，那麼，幸福感必然如同探囊取物，是輕而易舉了。

你是幸福達人嗎？

如下十題，請以○△X測試自己的幸福指數是多少？（○代表「完全就是」，X代表「完全不是」，△代表「介在中間點」。）

題目	答案
(1)你常覺得自己做起事來得心應手。	
(2)當碰到難題時，你的好友會自動來關心。	
(3)如果發生誤會，只要你現身說明，通常能得到對方的諒解。	

	(4)去向主管建言時，主管通常心存感激。萬一沒有反應，你也能自我調適。
	(5)你對成功自有看法，不會給自己太大的壓力。
	(6)看到周邊親友突然日進斗金或職位高升，你會默默祝福，而不是心生羨慕，懊惱自己。
	(7)你平日樂於和旁人分享幸福的經驗或心得。
	(8)你一直相信下了工夫的人生才是值得的。
	(9)你除了關心自身和家人，也樂於參與社區服務。
	(10)你一向把自己的身心健康維持在滿意的階段。

以上，若「○」達到八個以上，已屬幸福達人，你常有放鬆自在的感覺，你通常也像那一瓶向外潑灑的香水，讓旁人芬芳四溢，也讓自己開心喜樂。

若「○」達五至七個代表雖有不夠滿意之處，但一切尚可掌握，你正在努力朝向幸福的燈塔泗泳。

若「X」和「△」太多，超過六個以上，基本上，你就是我最要關心的人，幸福的感覺讓你很迷惑，幸福的生活離你很遙遠，這也是爲什麼你在人生成長中，在職場生涯中一直有著一份不確定感。

重新把自己找回來

我很喜歡一種感覺，就是把自己區隔在「理想我」和「現實我」的探索裡。

「**理想我**」多了那麼一點點浪漫和嚮往。

「**現實我**」多了那麼一點點實際和勇氣。

當「理想我」和「現實我」在心中擺盪時，我學習靜觀自己的感受，並且練習盡量不去自我批判。

因爲生活上的壓力已經夠多了，人生的挑戰也日日進逼，我們都已經夠努力，何必太爲難自己，又何必把自己逼到牛角尖裡呢？

只要我們每天多敞開心胸一點，多學習成長一點，其實，幸福感就會迎面而來。

對了，我最近正在練習「像頑童般地嬉戲」呢！很有趣吧！

我嘗試和家人在森林公園追逐嬉鬧，我試著拿起枕頭和友伴打枕頭戰，我學著放開身段與人在游泳池畔深度談心……

我慢慢找回自己的幸福感——我不要再把自己「框」太緊了。我需要放旁人自由，也放自己自由！我需要回歸身心的自然自在，我太需要「放過」自己了！

你呢？

你也有這種感覺嗎？

一起來成長吧！

有你相伴，我一點也不寂寞哩！

想法一改變，壓力就不見

作　者—吳娟瑜
主　編—林菁菁
企劃主任—葉蘭芳
封面設計—楊珮琪、林采薇
內頁設計—李宜芝

董 事 長—趙政岷
出 版 者—時報文化出版企業股份有限公司
108019 台北市和平西路三段 240 號 3 樓
發行專線—(02)2306-6842
讀者服務專線—0800-231-705・(02)2304-7103
讀者服務傳真—(02)2304-6858
郵撥—19344724 時報文化出版公司
信箱—10899 臺北華江橋郵局第 99 信箱
時報悅讀網—http://www.readingtimes.com.tw
法律顧問—理律法律事務所 陳長文律師、李念祖律師
印　刷—勁達印刷有限公司
初版一刷—二〇二〇年十二月十八日
定　價—新臺幣三三〇元

時報文化出版公司成立於一九七五年，
並於一九九九年股票上櫃公開發行，於二〇〇八年脫離中時集團非屬旺中，
以「尊重智慧與創意的文化事業」爲信念。

想法一改變，壓力就不見 / 吳娟瑜著 . -- 初版 . -- 臺北市 : 時報文化出版企業股份有限公司 , 2020.12
面；　公分

ISBN 978-957-13-8439-9(平裝)

1. 抗壓 2. 壓力 3. 生活指導

176.54　　109017132

ISBN 978-957-13-8439-9
Printed in Taiwan